古典文獻研究輯刊

十五編

潘美月・杜潔祥 主編

第14冊

《行氣玉銘》輯考

張道升 著

國家圖書館出版品預行編目資料

《行氣玉銘》輯考／張道升　著 — 初版 — 新北市：花木蘭文化出版社，2012〔民 101〕

目 2+140 面；19×26 公分

（古典文獻研究輯刊　十五編；第 14 冊）

ISBN：978-986-254-997-1（精裝）

1. 古玉　2. 中國文字

011.08　　101015347

古典文獻研究輯刊

十五編　第十四冊　　ISBN：978-986-254-997-1

《行氣玉銘》輯考

作　　者　張道升

主　　編　潘美月　杜潔祥

總 編 輯　杜潔祥

企劃出版　北京大學文化資源研究中心

出　　版　花木蘭文化出版社

發 行 所　花木蘭文化出版社

發 行 人　高小娟

聯絡地址　新北市永和區中正路五九五號七樓

電話：02-2923-1455／傳眞：02-2923-1452

網　　址　http://www.huamulan.tw　信箱　sut81518@gmail.com

印　　刷　普羅文化出版廣告事業

初　　版　2012 年 9 月

定　　價　十五編 26 冊（精裝）新台幣 42,000 元

《行氣玉銘》輯考

張道升　著

作者簡介

張道升（1976-），安徽肥東人，2000 年獲得安徽師範大學文學學士學位，2006 年、2009 年分別獲得安徽大學文學碩士、博士學位（導師：徐在國教授），2011 年進入北京師範大學民俗典籍文字研究中心做全職博士後（合作導師：李運富教授）；2000 年至 2003 年在肥東縣白龍中學當教師，2009 年迄今在合肥師範學院中文系當教師；2011 年評為副教授。

主要研究方向為文字學、字書學，任教古代漢語、中國文字學、訓詁學等課程，迄今已發表論文近 30 篇，主持廳級專案 2 項，校級專案 2 項，為中國文字學會、安徽省辭書學會、安徽省語言學會會員。

提　要

行氣玉銘現藏於天津歷史博物館，其形制為楞柱狀，中空，頂端未穿透。器身琢為十二面，每面刻三個字，加重文符號，全文共四十五個字。

行氣玉銘字數雖然不是很多，但是因為它是刻在玉器上，內容極為重要，在文字學史上、書法學史上、考古學史上、氣功學史上都具有重要的價值，是戰國石器文字最重要的資料之一。本文共分為六個章節：

一、概述：介紹了行氣玉銘的形制等，並概括敘述了行氣玉銘公佈以來的研究成果並分析其存在的問題。從而論證了行氣玉銘研究仍有其必要性。

二、文字輯考：分別將諸家考釋進行輯錄，並加按語等。此為文章的重點。

本章輯錄了目前所能見到的所有研究行氣玉銘的文章，主要摘錄其中對行氣玉銘文字字形的分析、字義的闡釋部分，其他則從略。首列具有代表性的字形原拓，後加辭例，接著按時間先後順序排列各家的考釋，各家的觀點一目了然。最後是按語部分，是筆者對各家的觀點進行的評述，或提出自己的新觀點，比如舊釋為「遀」的字，我們認為應該讀為「撤」，訓為「撤回」；另外，按語中還對部分行氣玉銘文字形體做了梳理和疏證，如「[illegible]、[illegible]」可與甲骨文中的形體比較；「[illegible]、[illegible]」可與金文中的形體比較；「[illegible]」可與戰國古璽中的字形比較。

三、銘文通釋：全文今譯。在新的文字考釋結果下的全文今譯。

四、年代和國別：行氣玉銘的年代和國別的爭議。我們認為行氣玉銘是戰國三晉時作品。

五、功用探討：行氣玉銘的實用價值討論。我們認為作為當時杖首的玉飾更為妥當。

六、總結：全文總結。

最後是附錄：附錄中的釋字索引即為行氣玉銘文字編。此外，還有相關圖表和作者發表的有關論文。論文論及到行氣玉銘文字的社會價值——行氣玉銘這種學習書法的風氣對規範書面用字、包括書法藝術，產生了久遠的影響：一是書家的寫字，不只是個人的藝術行為，還具有規範社會用字的導向作用；二是使兒童自幼養成良好的寫字習慣，正確辨析文字形音義，從而使規範化意識可以貫徹終生，根本上杜絕社會用字的混亂。這對於我們現今的漢字規範化研究具有重大啟示作用。

目次

第一章　《行氣玉銘》概述

行氣玉銘，又稱劍珌、刀珌、玉刀珌，原玉舊藏合肥李木公家（李鴻章後代），今歸天津市文物管理處，珍藏在天津歷史博物館。

行氣玉銘是一件堪稱國寶的古代玉器。此古玉爲十二面楞的柱狀體，重 118 克，通高 52 毫米，柱徑爲 34 毫米，下部有直徑 24 毫米的中空內孔，頂端未穿透，中空內壁鑿痕明顯，十分粗糙；在十二個面楞上，每面刻有三個古文字，在古文「死」字上面有一個直徑 3 毫米的穿孔與中空內孔相通；通體外部拋光，晶瑩光滑。除古文字外，沒有刻任何花紋裝飾圖案（見附錄二圖一）。

全部銘文共四十五字，其中有九字重文（八處有重文符號，一處重文符號漏刻——[illegible]字下側理應有重文符號，而古人沒有刻）。銘文字體方正規整，與韓國銅器驫羌鍾銘文風格十分相近，當出晚周三晉人之手。銘文刀法**嫺**熟，文字精工，堪稱書法作品中的上乘之作（見附錄二圖三）。

此古玉的文字拓片，最早見於皺安影印的《藝賸》，後收入端方的《陶齋古玉圖》和黃濬的《古玉圖錄初集》（第四卷），之後又收入羅振玉所編的《三代吉金文存》（第二十卷），在其目錄中標爲「劍珌四十字」。但是他們依據的文字拓片是描製的，與實物細節不符。〔註 1〕

六十年來，許多專家學者，如：聞一多、王璧、郭沫若、于省吾、何琳儀等先生，都存懷著極大的興趣，對它的各方面進行了廣泛深入的研究。英

〔註 1〕本文前三段依工季星《行氣[illegible]劍珌銘文考釋》，陳邦懷《戰國行氣玉銘考釋》進行整理。

國李約瑟的《中國古代科學思想史》〔註2〕、臺灣學者那志良的《玉器通釋》〔註3〕也對它有所探討。但是說法不一，各持己見。諸家的分歧主要集中在銘文、重文符號和功用上。

總之，考古學界、古文字學界和氣功學界的研究者在有關刊物和學術報告會上紛紛從不同的角度對《行氣玉銘》進行考釋和評價，解決了不少問題，同時也存有許多爭議。爲了透徹理解銘文，對其作出正確評價，筆者認爲有必要對這一珍貴文物作進一步的探究，以求終能探明它的廬山眞面目。

〔註2〕〔英〕李約瑟，中國古代科學思想史・第一卷〔M〕，北京：科學出版社，1975（1）：342～344。

〔註3〕趙松飛，《行氣玉佩銘》新解〔J〕，北京：中國氣功科學，1999（8）：39。

第二章　《行氣玉銘》文字輯考

凡　例

一、首列字形原拓。

二、每個字形下按時間先後順序排列各家的考釋，各家觀點列於其文章簡稱之後。

三、有的考釋後有按語，本人若有所得，亦在其中。

四、引文簡稱如下：

（一）王季星——王季星《行氣[illegible]劍珌銘文考釋》

（二）陳世輝——陳世輝《玉飾銘和氣功療法》

（三）張光裕——張光裕《玉刀珌銘補說》

（四）毛良——毛良《〈行氣玉佩銘〉及其釋文的討論》

（五）沈壽——沈壽《〈行氣玉佩銘〉淺釋》

（六）陳邦懷——陳邦懷《戰國〈行氣玉銘〉考釋》

（七）聞一多——聞一多《聞一多全集・神話與詩》

（八）楊樹達——楊樹達《積微居小學述林・卷五》

（九）王璧——王璧《關於「行氣」銘文玉杖飾的幾點看法》

（十）許國經——許國經《〈行氣玉銘〉銘文新探》

（十一）林誌強——林誌強《戰國玉石文字研究述評》

（十二）崔樂泉——崔樂泉《行氣玉銘——兩千多年前的「導引」論述》

（十三）郭沫若（一）——郭沫若《古代文字之辯證的發展》
（十四）郭沫若（二）——郭沫若《行氣銘釋文》
（十五）郝勤——郝勤《導引行氣的源與流》
（十六）樂祖光——樂祖光《中國古代養生保健和古希臘養生法的比較》
（十七）饒宗頤——饒宗頤《劍珌行氣銘與漢簡〈引書〉》
（十八）湯余惠——湯余惠《行氣玉銘》
（十九）楊琳——楊琳《中國古代雕刻作品析疑二則》
（二十）趙峰——趙峰《「行氣玉銘」考釋》
（二十一）于省吾——于省吾《雙劍誃吉金文選》
（二十二）何琳儀——何琳儀《戰國古文字典——戰國文字聲系》
（二十三）趙松飛（一）——趙松飛《〈行氣玉佩銘〉新解》
（二十四）趙松飛（二）——趙松飛《〈行氣玉杜經〉文字考釋》
（二十五）李戎——李戎《戰國玉杖首〈行氣銘〉集考及其銘文新釋》
（二十六）孫啓明（一）——孫啓明《也談戰國玉杖首〈行氣銘〉》
（二十七）孫啓明（二）——孫啓明《〈行氣銘〉與〈十問〉等的相關研究》
（二十八）孫啓明（三）——孫啓明《〈行氣銘〉古文字研究》
（二十九）何新——何新《諸神的起源》
（三十）呂利平、周毅——呂利平、周毅《從〈導引圖〉等文物看中華養生文化》
（三十一）呂利平、郭成傑——呂利平、郭成傑《清輝四轍的中華養生文化——從〈行氣玉佩銘〉、〈導引圖〉和〈引書〉談起》
（三十二）林書立（一）——林書立《行氣玉佩銘闡釋（上）》
（三十三）林書立（二）——林書立《行氣玉佩銘闡釋（中）》
（三十四）林書立（三）——林書立《行氣玉佩銘闡釋（下）》
（三十五）宋書功——宋書功《戰國時期房中學著作行氣銘玉杖飾》
（三十六）尹志強——尹志強《晉系玉石文獻辭彙研究》
（三十七）黃耀明——黃耀明《行氣玉銘釋義集評及新解》

行氣玉銘有雕玉十二面，每面刻三字，全部銘文共四十五字，其中有九字重文（八處有重文符號，一處重文符號漏刻——□字下側理應有重文符號，而古人沒有刻）。三十六字中，其中□字有十一個，□、□、□、□四個字各有兩個，實際上只有二十二個單字。現按其在銘文中出現的先後順序排列如下：

□

王季星：與□字相似者有《衝子□》鼎。

張光裕：「行」者，有用意，爲意，若《周禮・司爟》：「掌行火之令。」注：「行，猶用也。」《國語・吳語》：「唯是車馬兵甲卒伍即具，無以行之。」注：「行，用之。」又《荀子・議兵》：「設何道何行而可。」注：「行，動用也。」此首言氣之爲用，遂引出下文以釋之。

湯余惠：行氣，導引體內眞氣運行。

楊琳：「行」古有交媾、施射之義。《素女經》：「黃帝問素女曰：『今欲長不交接，爲之奈何？』素女曰：『不可。天地有開闔，陰陽有施化。人法陰陽，隨四時，今欲不交接，神氣不宣佈，陰陽閉隔，何以自補？練氣常行，去故納新，以自助也。玉莖不動，則闢（躄）死其舍（痿軟其處）。所以常行，以當導引也。』又云：「交接之道，固有形狀（自有其規矩）。男致不衰，女除百病，心意娛樂氣力強。然不知行者，漸以衰損。」「練氣常行」是說修煉精氣要經常交接。「所以常行，以當導引」是說經常交接，以此作爲導引之功。「不只行者」是指不懂交接之道的人。《說苑・辨物》：「是故人生而不具者五：目無見，不能食，不能行，不能言，不能施行。故三月達眼而後能見，七月生齒而後能食，期年生臏而後能行，三年囟合而後能言，十六精通而後能施行。」「施行」同義連文，都是施射、交接之義。《素女經》：「素女曰：陰陽有七損八益。一益曰固精。令女側臥張股，男側臥其中，行二九數，數畢，止，令男固精。又治女子漏血，日再行，十五日愈。」「日再行」是說每日按上述方法交接兩次。唐張鷟《朝野僉載》卷二：「（眞臘國）行房不欲令人見，此俗與中國同。」「行房」即同房，今仍有此語。《易・乾・彖傳》：「天地感（交合）而萬物化生。」《禮記・郊特牲》中也說：「天地合而後萬物興焉。」「雲」和「雨」被古人視爲天地交合以化生萬物的具體表徵，漢語中的「雲雨」一詞可指男女之事，原因就在這裡。〔註 1〕因此，「雲行雨施」實際上是天地交合之意。「行」「施」對文，都是指交合施射。「行」的這一含義各字典辭書皆無記載，故略考如上，以徵其信。

何琳儀：行氣玉銘「行炁」，讀「行氣」。《左・昭九年》「日昧以行氣，氣以實志。」注「氣和則志充。」

孫啓明（三）：《行氣銘》所寫之行字，與「甲五七四」之[illegible]、「虢季子白盤」之[illegible]寫法相同，其後之「侯馬盟書」寫作「[illegible]」。甲骨文殷墟出土，內容爲盤庚遷殷到紂亡 273 年間的遺物。相當於西元前 14 世紀～西元前 11 世紀。

虢季子白盤，西周晚期青銅器，銘文 111 字，記述虢季子白奉周宣王命征伐玁狁的歷史，爲傳世體積最大的西周時代青銅器，西元前 8 世紀產物。侯馬盟書，係東周時晉國遺物，約在春秋後半期至戰國時，相當於西元前 6 世紀－5 世紀。1965 年，侯馬晉國遺址曾出土數百片用朱書寫在玉片上的盟書。觀盟書中「行」字的筆畫變化，可窺知《行氣銘》「行」字背景接近於西周晚期。

按：「行」，張光裕先生釋「用、爲」的意思；湯余惠先生、何琳儀先生釋「運行」；楊琳先生釋「古有交媾、施射」之義。四人皆認爲是動詞，張、湯和何從氣功學角度出發，至確，但後一意思在銘文中更順適；楊琳先生是從孕育學的角度解釋的，非是。

炁

王季星：考諸已著錄之吉金文字：炁字不見古文書，僅見元黃公紹所撰之《古今韻會舉要》卷十八「氣」字下云：古作旡、炁。《汗簡》引《淮南王・上陞記》氣作[illegible]，當即本此而詭變，斯後更一變爲道家書之炁字矣。〔註 2〕

陳世輝：炁，古氣字。

張光裕：「行炁」，「炁」乃氣之古文。

《說文繫傳》：「[illegible]，雲氣也，象形，凡氣之屬皆從氣。臣鍇曰：象雲氣之貌，古文又作旡、炁，卻利反。」古本考：「濤案汗簡卷中之二[illegible]。炁，即

〔註 1〕 楊琳，「雲雨」與原始生殖觀，〔J〕，長春：社會科學戰線，1991（1）：80。

〔註 2〕 鄭珍《汗簡箋正》卷四[illegible]字下箋云：「此形氣之變也，漢隸作氣字。其字有作[illegible]者，（見朱龜碑）即與旡近。又有作[illegible]者，（見史晨後碑）四點即近火，誕人合二體爲之，遂別成炁字。」又云：「道家書多用此炁，意出自漢時。」其說可爲佐證。

氣之隸變通用，是古本尙有重文，今奪。」

《說文・米部》:「氣、饋客之芻米也，從米氣聲，春秋傳曰：齊人來氣諸侯。[illegible]，氣或從既。餼，氣或從食。」辨字正俗：「段氏曰：氣本雲氣，引申爲凡氣之稱。今字假氣爲雲氣字，而饔餼乃無作氣者。聘禮記注云：占文即爲餼。中庸篇注云：既讀爲餼。既即槩之省，餼蓋晚出俗字，在假氣爲氣之後。」

《儀禮・聘禮》:「若過邦……餼之以爲禮，上賓大牢，積唯芻米，介皆有餼。」注：「凡賜人以牲曰餼。餼，猶稟也，給也。」

檢郭忠恕《汗簡》有「[illegible]」字，云：「氣，出準南王上陞記」，即炁字也。史記五帝本紀：「軒轅乃修德振兵，治五氣。」集解：「王肅曰：五行之氣。」索隱：「謂春甲乙木氣，夏丙丁火氣之屬，是五氣也。」銘中所謂「行炁」，蓋屬兵家所重之「氣」，而廣含天地稟給之精者也。郭氏謂「炁即氣字，爲後世炁字所從出。」或是。

陳邦懷：炁，從火气聲，是氣的異體形聲字。炁，今作氣。

聞一多：……但是最好的輕身劑恐怕還是氣——本質輕浮的氣。並且據說萬物皆待氣以生存，〔註3〕如果藥物可以使人身輕，與其食藥物，何如食藥物所待以生存的氣，豈不更爲直捷，更爲精要？所以在神仙方術中，行氣派實是服食派進一步的發展。觀他們屢言「食氣」，可見氣在他們心目中，本是食糧的代替品，甚至即食糧本身。〔註4〕氣的含義在古時甚廣，除了今語所謂空氣之外，還包括比空氣具體些的幾種物質。以前本有六氣的說法——陰、陽、風、雨、晦、明，〔註5〕現在他們又加以整齊化、神秘化、而排列爲這樣

〔註 3〕《莊子・知北遊篇》「人之生，氣之聚也，聚則爲生，散則爲死。」《韓詩外傳八》「然身何貴也？莫貴於氣。人得氣則生，失氣則死。」《抱朴子至理篇》「夫人在氣中，氣在人中，自天地至於萬物，無不須氣以生者也。」

〔註 4〕《大戴禮記・易本命篇》「食氣者神明而壽」，《御覽》六六八引《五符經》「食氣者常有少容。」《淮南子・地形篇》「食氣者神明而壽，食穀者知慧而夭」，食氣與食穀並舉，《韓詩外傳五》「聖人養一性而御六（元誤作大）氣，持（元誤作待）一命而節滋味」，御六氣與節滋味並舉，《素問・六節藏象大論》「天食人以五氣，地食人以無味」，五氣與五味並舉，可見古人視氣儼如一種糧食。《莊子・在宥篇》「雲將曰『天氣不和，地氣鬱結，六氣不調，四時不節，今我願合六氣之精，以育群生』」，又「（黃帝曰）『吾欲取天地之精，以佐五穀，以養民人』」天地之精亦謂天地之氣，《莊子》之語與上揭各說可以互證。

〔註 5〕《莊子・逍遙遊篇》「御六氣之辯」，《在宥篇》「六氣不調，……今我願合六氣之精，以育群生。」《管子・戒篇》「御正六氣之變。」《遠遊》「餐六氣而

的方式：

> 春食朝霞，朝霞者，日始欲出赤黃氣也。〔註6〕秋食淪陰，淪陰者，日沒以後赤黃氣也。冬飲沆瀣，沆瀣者，北方夜半氣也。夏食正陽，正陽者，南方日中氣也。並天地玄黃之氣，是爲六氣也。（《楚辭》遠遊注引《陵陽子明經》。）

玄與黃是近天與近地的空氣，正陽即日光，依他們的說法可稱光氣，沆瀣即露水，〔註7〕可稱水氣，朝霞淪陰即早晚的雲霞，〔註8〕是水氣與光氣的混合

飲沆瀣兮。」《韓詩外傳五》「聖人養一性而御六氣。」

〔註 6〕《文選・江賦注》及《御覽》五一引並無黃字，義長。霞本訓赤，字一作赮。《文選・蜀都賦》「舒丹氣而爲霞」，劉注曰「霞，赤雲也」，《東京賦》「掃朝霞」，薛注曰「霞，日邊赤氣也」《漢書・揚雄傳・甘泉賦》「噏清雲之流瑕兮」，顏注曰「瑕謂日旁赤氣也」，瑕與霞通。

〔註 7〕《文選・琴賦》「餐沆瀣兮帶朝霞」，五臣注「沆瀣，清露」。

〔註 8〕二陰字《御覽》引並作漢，疑漢爲渶之形誤（渶字見《廣韻》《集韻》）。《說文》「英一曰黃英」。案《管子・禁藏篇》「毋夭英」，尹注曰「英，草木之初生也」，今呼苗初生者曰秧，英秧一字，草木初生萌芽之色皆黃，故英有黃義。黃色謂之英，黃色的光亦謂之英。《九歌・雲中君》「華采衣兮若英」，《文選・月賦》「嗣若英於西冥」，注曰「若英，若木之英也。」若木即西方之扶桑，今謂之晚霞，晚霞多黃，故曰若英。《漢書・揚雄傳・甘泉賦》「噏青雲這流瑕（霞）兮，飲若木之露英」，朝見於東方而色赤者曰霞，暮見於西方而色黃者曰英，霞英皆日旁的光氣，故揚雄以朝瑕輿露英對舉，（《蜀都賦》「江珠瑕英」，蓋亦謂珠光赤黃如日氣。）淪露一聲之轉，淪渶當即露英，經以朝霞淪渶對舉，正猶賦以流瑕露英並稱，惟經以光氣爲水氣，故字變從水耳。王注引作陰者當讀爲《爾雅・釋畜》「陰白雜毛駰」之陰，舍人注曰「今之泥驄也」，郭注同，泥色黃，是陰有黃義。《爾雅》「黃白雜毛駓，陰白雜毛駰，蒼白雜毛騅」，相次爲文，蓋陰色黃中發黑，蒼又黑於陰也。陰從今聲，今聲字多有黃義。《小雅・車攻》「赤芾金舄」，箋「金舄，黃朱色也」，《說文》「頜，面黃也」，《廣雅・釋器》「黅，黃也」，又說文「稔，穀熟也」，案穀黃則熟也，《水經・涔水注》「涔水即黃水也」，是陰亦可有黃義（《周書・王會篇》「墠上張赤帟陰羽」，疑陰亦謂黃色，赤帟陰羽對文。孔注「陰，鶴也」，臆說無據。），陰渶皆訓黃，故淪陰一作淪渶。淪陰即日暮時的雲霞，既如上說，而雲本是水氣，所以淪陰又名飛泉。

《莊子・逍遙遊篇》「御六氣之辯」，李注曰：平旦爲朝霞，日中爲正陽，日入爲飛泉，夜半爲沆瀣，〔並〕天地玄黃爲六氣也。陵陽子明以日入爲淪陰，李奇以爲飛泉，名異而實同，蓋泉霰聲近，飛泉即飛霰（《說文》線古文作線《集韻》亦作䊼，而《玉篇》霰一作霹，是線霰聲近，即泉霰聲近。）雨雪雜下曰霰，字一作霹，《說文》「霹，小雨財零也，二義相近，無妨通稍。《韓詩覠弁・薛君章句》曰「霰，霙也。」（《〈文選・雪賦〉注》，《御覽》一二引。又《宋書・符瑞志》引作英。）淪渶一曰飛泉，猶霙一曰霰，渶霙一字，泉

物。先秦人對於氣是否有這樣整齊的分類，雖是疑問，但他們所食的氣，總不外這幾種。

郭沫若（二）〔註9〕：氣即氣字，爲後世炁字所從出。

樂祖光：中國古代的養生保健重在壯內，古希臘養生法重在壯外。古代中國的養生保健很早並長期受道教文化的影響，以「精氣神」理論作爲基本依據。……「氣」既是人體中的一種基本精微物質，也是「精」的功能和能量；……

湯余惠：氣，從火、氣聲，字見《汗簡》，古書通作氣；行氣，導引體內眞氣運行。《莊子・刻意》篇：「吹呴呼吸，吐故納新，熊經鳥申，爲壽而已矣，此道引之士養行之人，彭祖壽考者之所好也。」在戰國時代已有人修煉呼吸吐納導引健身之法，以求健康長壽。「行氣」二字總領下文，接著講行氣的方法和原理。

楊琳：古人認爲一切生物都是由陰陽二氣交合化育而來的，人也不例外。《莊子・田子方》：「至陰肅肅（成玄英疏：陰氣寒也），至陽赫赫（成玄英疏：陽氣熱也）。肅肅出乎天，赫赫發乎地，兩者交通成和而物生焉。」人的誕生不過是男女分別生成陰陽二氣然後將此加以融合罷了，所以人的交合在古人看來也是氣的交通。《論衡・自然》：「天地合氣，萬物自生，猶夫婦合氣，子自生矣。」「天之動行也，施氣也，體動氣乃出，物乃生矣，由（猶）人動氣也，體動氣乃出，子亦生也。」他們還用氣的不同來說明人的強弱愚賢之類的差異。如《論衡・命義》：「凡人受命，在父母施氣之時已得吉凶矣。」又《氣壽篇》：「婦人疏字（生子）者子活，數乳（稠生）者子死，何則？疏則氣渥（充沛），子堅強；數而氣薄，子軟弱也。」《淮南子・地形》：「土地各以其類生，是故山氣多男，澤氣多女，障氣多喑，風氣多聾，林氣多癃，木氣多傴，岸下氣多腫，石氣多力，險阻氣多癭，暑氣多夭，寒氣多壽，穀氣

霰亦一字矣。又《說文》霰重文作霓，《釋天》「雨霓爲霄」，（今本霄下有雪字，從《說文》刪。）是霰又曰霄，然霄或以爲即雲。《淮南子・原道篇》「乘雲陵霄」，《〈後漢書・張衡傳〉注》「霄，雲也。」或以爲即霞，《〈水經・洛水〉注》「長霄冒領，層霞冠峰」，《〈漢書・揚雄傳〉注》「霄，日旁氣也」，《〈後漢書・仲長統傳〉注》「霄，摩天赤氣也。」是霰又爲雲爲霞。淪渶本謂晚霞，而一曰飛泉，與霰爲雲霞，又爲雪雨，其例正同。

〔註 9〕本文諸家觀點主要是按論文正式發表先後順序排列的。因 1992 年版的《郭沫若全集・考古編・第十卷》中沒有標明一些論文的最早出處，對於暫不能查到最早出處的論文，只能往後排了。筆者特此聲明。

多痺，邱氣多狂，衍氣多仁，陵氣多貪。」因此，銘文中的「行氣」就是「施氣」「合氣」的意思，指男女的交合行爲。其他典籍中「行氣」用於交合義的例子如《抱朴子內篇．至理》:「然又宜知方中之術，所以爾者，不知陰陽之術，屢爲勞損，則行氣難得力也。」

唐代道宣《廣弘明集》卷 9 載北朝甄鸞《笑道論．道士合氣》:「《道律》云:『行氣以次，不得任意排醜近好，抄截越次。』……臣年二十之時，好道術，就觀學，先教臣《黃書》合氣，三五七九，男女交接之道。」這兩例中「行氣」的交合義顯而易見。

趙峰:「行氣」:《說文》:「氣，雲氣也。」氣的初文作三，到周代，以其與下上合文及紀數三字易混，作三，又上下畫均曲作氣，以資識別。《說文繫傳》:「氣，雲氣也，象形，凡氣之屬皆從氣。臣鍇曰：象雲氣之貌，古文又作旡，卻利反。」古本考:「濤案汗簡卷中之二炁氣即氣之隸變通用是古本尚有重文，今奪。」《說文．米部》:「氣，饋客之芻米也，從米氣聲，春秋傳曰：齊人來氣諸侯。」《辨字正俗》:「段氏日：氣本雲氣，引申爲凡氣之稱。今字假氣爲雲氣字，而餼餼乃無作氣者。《聘禮記》注云：古文既爲氣。中庸篇注云：既讀爲餼。既即槩之省，餼蓋晚出俗字，在假氣爲氣之後。」又《儀禮．聘禮》:「若過邦……之以其禮，上賓大牢，積唯芻米，介皆有氣。」注:「凡賜人以牲曰餼，餼、猶廩也，給也。」張光裕認爲銘中的「行氖」，蓋屬兵家所重之「氣」，而廣含天地稟給之精者也。郭沫若也曾認爲:「氖即氣字，爲後世炁字所從出。」

何琳儀：氖，從火，氣聲。疑熂之省文。《廣韻》「熂，燹火也。」《集韻》「熂，火焚山艸也。」行氣玉銘熂，讀氣（氣）。

趙松飛（一）: 第一行第二字爲「炁」，不是「氣」。

趙松飛（二）: 在所有考釋中都將此字定爲「氖」（氣）字。郭沫若氏說:「氖即氣字，爲後世炁字所從出。」陳邦懷氏說:「氖，從火氣聲，是氣的異體形聲字。」但是，不知何故，他們都釋作「氣」，而不定其本字「炁」。

筆者認爲「氣」和「炁』不僅是「從出」，而是兩個性質不同的概念。「氣」的主要概念是泛指一切氣體；而「炁」的概念是「構成世界萬物的本源」。道家將「氣」稱爲後天氣（指呼吸和息），而將「炁」稱爲先天炁（指元氖、眞氖）。

晉．葛洪在《抱朴子內篇》的《至理》《釋滯》中多次分別提到「行氣」

和「行炁」。著名道家養生學者王沐在《悟眞篇淺解・悟眞篇丹法源流》文中對古玉文字有所探討，說：「《抱朴子內篇・至理》論行氣之妙，凡有關道術的都用炁字，有關呼吸氣則用氣字，兩字用法有明顯的區分，則古代行炁法爲丹法的前身，此篇頗可說明問題。」

筆者贊同此論證。此字下部爲「火」，即楷書的「灬」部。更證明應爲「炁」字，決非「氣」字，因此文題應定爲「行炁」，才正確無錯。

孫啓明（一）：「氣」通「器」。

清朱駿聲《說文通訓定聲・履部》：「氣，假借爲器。《禮記・樂記》『然後樂氣從之』，王氏引之曰，即上文金、石、絲、竹樂之器也」，《淮南子・說山》：「故魚不可以無餌釣也，獸不可以虛氣召也。」俞樾平議：「氣，當作器。」竊思，「行氣」即「行器」，此「器」即「陰器」之「器」，亦即「陰莖」。《行氣銘》銘文「行氣」，意謂「交合」、「行房」。

孫啓明（三）：《行氣銘》中的「𣱛」字，從火。此字上古無書證，《字彙補・氣部》：「𣱛，古文氣字，見《韻會》。」

氣字，「前七・三六二」寫作「三」、「粹五二四」寫作「三」、「大豐簋」寫作「三」，均作三畫，上下各一長畫，中間爲一短畫。于省吾《卜辭新義》：「『氣」字初文作『三』，降及周代，以其與『上下』合文及紀數『三』字易混，上畫彎曲作「[illegible]」，又上下畫均曲作『气』，以資識別。」「齊侯壺」正寫作「气」、「[illegible]」。老子乙前九九上寫作「气」。其後從火作𣱛，從米作氣。《說文》之『氣」爲小篆，係李斯訂，則「𣱛」字應在小篆之前，因不行於世，致成《行氣銘》之獨文。

考字從米，《說文》有訓曰：『氣，饋客芻米也，從米，氣聲。《春秋傳》曰：『齊人來氣諸侯。』 氣或從既，氣或從食。」許愼未提及「𣱛，氣或從火」。可見，「𣱛」字已早亡佚。查《書・洪範》：「火曰炎上……炎上作苦。」孔傳：「焦氣之味。」孔穎達疏：「火性炎上，焚物則焦，焦是苦氣。《月令》『夏』云：其臭焦，其味苦。苦爲焦味，故云焦氣之味也。臭之曰氣，在口曰味。」此或爲「𣱛」字從火之緣由。

《行氣銘》的「𣱛」字與中醫傳統理論之「𣱛火學說」有密切的關係。如《內經》說：「水爲陰，火爲陽。陽爲𣱛，陰爲味。」又說：「壯火之𣱛衰，少火之𣱛壯。壯火食氣，氣食少火。壯火散𣱛，少火生氣。」則「火」與「氣」聯繫在一起。清張隱菴曰：「夫氣爲陽，火爲陽，合而言之，氣即火也。」王子方曰：「壯火之氣，少火之氣，是氣即火之氣也。」

黃耀明：釋字爲「行気」比「行炁」更佳，不應釋爲「行氣（氣）」。「氣」字當爲中醫所謂「穀氣」，是由食物在體內產生。「氣」本爲大自然產生之雲氣，後與「氣」混同，「氣」行而「氣」廢，現在簡化字又將「氣」簡化爲「氣」。「気」字，中山王扁壺銘文有此字，從構形上看，爲會意兼象形字，蓋依周易、中醫理論而造，專指（用意念）導引胸中心火下降於腹中腎水所產生的一種類似於氣體的物質（丹經謂之「炁」）。故加「火」表示其所由來，以區別於由食「米」所產生之「氣」和自然之「氣」。故我們按照規範漢字釋句爲「運行（體內）眞氣」。釋爲「眞氣」，意涵此「氣」即「気」，非呼吸氣，或穀氣。

按：對「気」的釋法有三種：一、王季星先生等認爲是道家所說的炁字；二、陳世輝先生等認爲是氣的古文或氣的異體形聲字；三、孫啓明先生解釋「氣」通「器」，此「器」即「陰器」之「器」，亦即「陰莖」。

趙松飛先生已明確指出氣與炁的區別：「氣」和「炁』不僅是「從出」，而是兩個性質不同的概念。「氣」的主要概念是泛指一切氣體；而「炁」的概念是「構成世界萬物的本源」。道家將「氣」稱爲後天氣（指呼吸和息），而將「炁」稱爲先天炁（指元気、眞気）。可見兩者解釋的角度不同，筆者認爲後者爲是。「行氣」，以湯余惠先生訓爲「導引體內眞気運行」爲是；李運富先生所說更爲全面：「『行氣』就是古代所說的『導引』，現代所說的『氣功』，也就是利用呼氣吐納導引健身的方法。」〔註 10〕

第三種是孫早期的解釋，顯然是從孕育學角度出發的。孫後來認識到自己的錯誤，已作了修訂。

王季星：宎字他金文不見，並諸字書所無，與《莊子齊物論》云：「宎者咬者」〔註 11〕及徐無鬼「未嘗好田，而鶉生於宎」之宎字不同，彼下從夭，此則從天。郭雲從宀從天，其音當讀如闐，爲充沛之意。〔註 12〕愚按此即是

〔註 10〕李運富，漢字學新論〔M〕，北京：北京師範大學出版社，2012：67。

〔註 11〕《莊子・齊物論》「叫者，譹者，宎者，咬者」「宎」本作「宊」非是，當仍作「宎」。

〔註 12〕郭沫若，郭沫若全集・考古編・第十卷〔C〕，北京：科學出版社，1992（10）：170。

「完」字，其證如右：

吾師胡小石先生嘗摘許書之，謂《說文》一部：元，始也，從一從兀，非是。當爲從二（古文上字，）從兒（人字象人仄面。）本有首之義。同部中之元字亦非從一從大，其義亦當從二（古文上，）從大（人字象人正面。）考甲骨文大每作天、天或天，〔註13〕其字均以二從大，「一」「二」均古文上字。金文中之天猶有從二者，如《齊侯罍壺》天字作天，可證。又甲文金文之天，復有作天、天、天諸形者，〔註14〕其爲人首之意均極顯；至如《盂鼎》之作天，《無異敦》之作天，〔註15〕其爲正面人形，更栩栩如生矣。天字古訓，《說文》正訓爲顛，日而元訓爲首之義，經傳例證亦夥，如《左傳》言先軫歸「元」，〔註16〕《孟子》謂勇士不忘喪其「元」，〔註17〕均是。知「元」之初義與「大」相埒，即完與宎其義相等，則是「●」即是「完」。原義既顯，更無煩假讀矣。

陳世輝：宎字從天從宀，是居字的異文，象人處於宀下。居字金文多作立，從立從宀，象人立於宀下。在古文字中，立與天有時混用，秦公鍾銘「畯疐在立」，秦公簋作「畯疐在大」，是其證。居有安穩之義。

張光裕：宎，於氏釋天，於字形言之，當無不合，若契文之「新」、「幅」，皆新、幅之繁文是也。郭氏謂「、字書所無，殆是闐字之異，從宀天聲，充沛之意（莊子書中有宎字，說文作窔、室之東西隅也，形與此相似而實異）。金師祥恒謂字彙有「宎」字，曰古文軍。集韻古文本作「宎」，敦煌本虞書大禹謨「巴」作㔾，蓋其證。故疑「宎」爲軍之古文「宎」，讀如渾，假借爲混。說文：「渾、溷流聲也，從水軍聲，一曰洿下貌。」段注：「今人謂水濁爲渾。」老子：「渾兮其若濁。」渾又有盛，大之意。老子廿五章：「有物混成，先天地生，寂兮寥兮，獨立不改，周行而不殆，可以爲天下母，吾不知其名，字之曰道。蓋此之謂歟？

陳邦懷：宎，于省吾同志釋天，郭沫若同志初釋闐，後釋深。此字從宀天聲，不見於字書和其他古籍中。按著文意和字的聲韻推求，疑此即吞字的假借字。宎、吞，同諧天聲。這個字也可能是吞的異體字。宎和吞表面看去

〔註13〕據孫海波《甲骨文編》一之一引。

〔註14〕參《甲骨文編》及容庚《金文編》所引。

〔註15〕並見《金文編》一之一引。

〔註16〕《左傳・僖公三十三年》:「(先軫)免胄入狄師，死焉。狄人歸其元，面如生。」

〔註17〕《孟子・萬章下》:「志士不忘在溝壑，勇士不忘喪其元。」

不像是同一個字，我們通過旁證來解決這個矛盾，現舉亶字為例。《說文解字》：「煙，火氣也。從火，垔聲。籀文，從宀。亶，古文。」古文亶，從宀，從煙省，省掉火旁。如將玉文宎字視為從宀，從呑省，省掉火旁，那麼它和亶字的結構就一樣了。

聞一多：釋為居。

王璧：銘文中第二片的「[illegible]」字，郭沫若同志最初釋為「闐」字，後釋做「深」。陳邦懷先生則考證應為「呑」的異體字。無論從字形還是釋後的通讀來看，陳邦懷先生的看法都是可取的。諸如此例。

許國經：[illegible]：當楷化作「宎」，不能作「居」、「深」。陳說為是。陳說將其定為「呑」的別體，這又失之臆斷。「宎」音 yǎo，在銘文中當釋為氣從鼻孔深深吸入。與玉銘同時代的傳世名著《莊子·齊物論》出現有此字。該篇云：「夫大塊噫氣，其名為風……激者、謞者、叱者、吸者、叫者、譹者、宎者、咬者。」成玄英疏：「宎者，深也，若深谷然。」 漢董仲舒《文史通義·言公下》云：「奚翅激、謞、叱、吸、叫、譹、宎、咬之殊聲，而醖釀於鼻、口、耳……之異竅。」《集韻·嘯韻》釋「宎」為「竅聲」。所謂竅聲，是指風（氣）灌入深谷竅孔而發出聲音。玉銘中的「宎」釋為氣從鼻孔深深吸入，正是由氣深深灌入竅孔而發聲這一含義引申而來。此字用於行氣，既形象而又精當。

林誌強：從宀從天，不見於字書和其他典籍，有各種不同解釋，陳邦懷釋「呑」似較合適。

郭沫若（一）：宎字字書所無，殆是闐字之異，從宀天聲，充沛之意。《莊子》書中有宎字，從宀夭聲，《說文》作窔，室之東西隅也，形與此相似而實異。

饒宗頤：宎字，于省吾釋天，郭沫若謂借為闐。王季星釋完，張氏引金祥恒說以宎為軍之古文而讀為渾。皆言之成理。但以字形論：古文四聲韻先部天字下有[illegible]，出華嶽碑，[illegible]，出雲臺碑，行皆與宎相同；《汗簡》中之一凡部：[illegible]，天出義雲章，乃天加[illegible]旁，故此字仍以釋天為宜，下文云：「退則天」，表示退後由下而上。前後兩「天」字寫法不同，其一加[illegible]之宎為動詞之天。動詞之天可讀為鎮，「天之言鎮也」（《春秋說題辭》）。賀氏述《禮統》云：「天之為言鎮也，神也，珍也。施生為本，運轉精神，功效列陳，其道可珍也。」（《御覽·天部一》引）行氣之時，先鎮（宎）之於丹田，使氣聚而蓄，繼由聚而散則伸（神），神乃流行自下而上，下復歸於丹田，所謂「下則定」是。丹田之氣既聚則精固而神完，有大清明者出現，開拓出大覺醒新境界，是爲「明則長」。伸而復縮，張而復弛，是爲「張則退」。如是更行氣由下而上至於泥丸，一再周天，所謂「退則天（顛）」是矣。

湯余惠：宎，古文天，《汗簡》引《華嶽碑》作𡚒，即此形之。天，讀爲吞，指吸入自然之氣。

楊琳：第一行第三個字于省吾先生釋天，〔註 18〕郭沫若先生初釋釋闐，後改釋深，〔註 19〕陳邦懷先生釋吞，都無確證。此字從宀天聲，當爲探的異體。根據有二。其一，探的初文爲罙。〔註 20〕《說文》：「罙，深也。一曰竈突。從穴火求省。讀若《禮》三年導服之導。」段玉裁注：「導服即禫服也。……按罙即深淺字，不當有異音，蓋竈突可讀如禫，與突爲雙聲。《說文》將罙的本義釋爲深是不對的。從字形上看，罙從穴火求，表示持火搜求於洞穴，與深淺義無直接關係。從讀音上來看，《說文》罙讀若禫，上古爲定母侵部字。探異體作撢。」《周禮・夏官・序官》「撢人」釋文：「撢與探同。」撢《集韻》徒紺切，上古屬定母侵部，與禫同音。可見探與罙古音相同。段注輕信《說文》義訓，所以對罙何以讀禫疑惑不解。罙從穴，宎從宀，所從之意相同。其二，甲骨文叜（搜的初文）從又從火從宀，表示持火搜尋於覆蓋幽暗之地（如洞穴、房屋等），這可爲宎字從宀與探求有關的比證。探有伸入、插入的意思。《論語・季氏》：「見善如不及，見不善如探湯。」探湯，把手伸進沸水。成語有「探囊取物」，探即深入之義。《行氣銘》中的探當插入、刺入講。

趙峰：「宎則遙」：郭氏認爲「宎，字書所無，殆是闐字之異。從宀天聲，充沛之意。（莊子書中有宎字，《說文》作窔，室之東西隅也，形與此相似而實異）張光裕引金祥恒說以宎爲「軍」之古文「冥」而誤讀爲渾，假借爲混。但《字彙》中的古文軍，則是由《集韻》、《類篇》而來的，而《集韻》、《類篇》等均爲晚出之書，恐怕不能以此爲據。〔註 21〕此字從宀天聲，不見於字

〔註 18〕于省吾，雙劍誃吉金文選〔M〕，北京：中華書局，1998（5）：385～386。

〔註 19〕郭沫若，古代文字之辯證的發展〔A〕，郭沫若全集・考古編・第十卷〔C〕，北京：科學出版社，1992（10）：94～95。

〔註 20〕楊樹達，積微居小學述林・卷五〔M〕，北京：中華書局，1983（7）：181～202。

〔註 21〕饒宗頤，劍珌行氣銘與漢簡《引書》〔J〕，中華文史論叢・第 51 輯，上海：上海古籍出版社，1993（8）：227～231。

書和其他古籍中。按文意和字的聲韻推求，疑此字即一呑字的假借字，宎、呑，同諧天聲。〔註22〕因此，宎當讀爲呑，指吸氣。

于省吾：釋爲天。

何琳儀：天，行氣玉銘[illegible]，讀顚。《說文》「顚，頂也。從頁，眞聲。」

趙松飛（一）：第二行第二字爲「宎」（「天」的異體字）。

趙松飛（二）：[illegible]音 tiān（「天」的異體字）。

郭氏說：「[illegible]字字書所無，殆是闐字之異，從宀天聲，充沛之意。（莊子書中有宎字，說文作窔，室之東西隅也；形與此相似而實異。）後來郭氏又釋爲「深」字。陳氏說：「疑此字即呑字的假借字。突、呑，同諧夭聲。這個字也可能是呑的異體字。」聞一多氏釋爲「居」字。只有于省吾氏釋爲「天」字。在探討中也有人釋爲「安」和「實」。也難圓其說。

考釋其字的關鍵有二：一是上部是「宀」還是「冖」；一是下部是「夭」還是「天」。

此字上部和第四面中的「定」字上部似乎相同，認爲是「宀」。但細看拓片也有微細的差別。定字是[illegible]應爲「宀」，而此字上部是[illegible]應爲「冖」。兩側有直筆和彎筆的微妙差別，足以證明古人是極其精細的，這個論斷必須深信不疑，它是探索此國寶全部奧秘的關鍵所在。

此字下部和第七面下的「天」字完全相同。決非「夭」字。夭字古文爲「[illegible]、[illegible]。」《康熙字典》中「天」的異體字是宎字。還有[illegible]、[illegible]、[illegible]、[illegible]等。

古人爲什麼用了不同體的「天」字呢敘筆者認爲「冖」同「冪」（音 mì），有覆蓋之義。

道家認爲人身三寶：精、氣、神都有先天和後天之別。「天」也指爲神、心、性。後天稱爲識神，七情紛亂，雜念叢生。天字加冖爲宎，實指後天神。第七面下的「天」，實指先天神，稱爲元神。古人在此處選字隱義可謂十分神妙了。

道家丹功的初級階段，首先要「煉己」。天字上加冖，如同孫悟空頭上的金箍，唐僧以此馴服其野性，經過千難萬險的遠征磨煉，求取正果，終於成神。這也是「宎」的寓意！

孫啓明（三）：《行氣銘》之「深」字相當於「宎」字與「罙」字。

〔註22〕陳邦懷，戰國《行氣玉銘》考釋〔A〕，古文字研究・第七輯〔C〕，北京：中華書局，1982（6）：187～192。

「宎」字，《龍龕手冊・冖部》釋爲「古文天字」，並無書證。觀《行氣銘》作「深」則知《龍龕手冊》訓「宎」爲天爲未是。

「穼」字，古代字書未收，考馬王堆漢墓出土之竹簡書《天下至道談》中，正有「穼」字，凡兩見：一見於「八道」，曰「五曰𥤢（深）之」；另一見於「八觀」，日「直踵者，𥤢（深）不及」。此兩「穼」字之用例正與《行氣銘》「□」字之用吻合。

又考，（廣韻・脂韻）有「罙」字，音 mí，必移切，平支明。脂部。義爲：「罙，深人也。冒也。」《詩・商頌・殷武》：「撻彼殷武，奮伐荊楚，罙入其阻，裒荊之旅。」鄭玄箋：「罙，冒也，……冒入其險阻，謂逾方域之隘，克其軍率，而俘虜其士衆。」

查今本《詩・商頌・殷武》「罙入其阻」作「穼入其阻」，注：穼（shēn 深）深的本字。釋「穼」爲深，係據毛傳：「穼，深。」之說。正與《天下至道談》以「穼」爲深吻合。

今之字詞書中，《漢語大字典》收有「罙」字條目，而未收「穼」字，而（辭海）1989 版中，兼收「穼」字和「罙」字。此二釋文如下：

穼（mí迷），①、「罙」的誤字，見「罙」。②、通「彌」。愈、益。《文獻通考・輿地考序》：「晉時分州爲十九，自晉以後，所分穼多，所統穼狹。」

罙（mí迷），亦作「穼」。冒進之意。（詩・商頌・殷武）：「奮伐荊楚，穼入其阻。」鄭玄箋：「冒也。」按與毛傳異，毛傳：「穼，深。」陸德明釋文引《說文》作「罙」。按今本《說文・網部》作「罙」，又作「□」。《說文》小篆寫作「□」或「□」。

可見，「穼」字有二重性，讀 mí迷，又讀 shēn 深，義彌又義深。辭書學家們要重新認識「穼」字，增加音項和義項。

關於深字之形體演變：查「中山王壺」有「□」字即「深」，與「□」字外形相似。考石鼓文之深字寫作「□」，以「□（水）」爲偏旁。「中山王壺」則將「□」置於「□」字之內下方。「□」或爲「中山王壺」之「□」字之初文。

按：該字諸家分歧較大，有釋爲「完」、「吞」、「居」等。

考釋該字的關鍵是：一是上部是「宀」還是「冖」，一是下部是「夭」還是「天」。筆者認爲何琳儀先生釋法「此字從宀從天，讀顚，頂也。」至確。

依銘文句意，「宎」是名詞活用爲動詞，指體內眞氣到達頭頂。

王季星：貝從，此與西周及春秋之各器銘文，均不相類。蓋前此金文則字多作，從鼎從，如《則從鼎》《鬲攸比鼎》均作，《齊侯壺》作，《格伯敦》作，曾子簠作，〔註 23〕古文均從鼎，當即許書所謂籀文是也。且有用鼎之重文者，如《段敦》作，（許書引古文重貝作，竊疑此形之）從貝從之例，幾絕無僅有，迄秦二十六年詔確，猶、並用。〔註 24〕溱郲小篆，本所以折中六國文字之不與秦合者，此字與秦篆極類似，逆推其時，當去秦統一已不遠。

湯余惠：則，連詞，用在兩動詞之間，表示兩種動態的先後關係，下文用法相同。

孫啓明（三）：《行氣銘》之則字與「孫子二七」之「」字寫法相同。

1972 年山東臨沂銀雀山西漢初期墓葬發現《孫子兵法》殘簡，此即殘簡上之字。孫子即孫武，春秋末兵家，吳王闔閭時任將，率吳軍攻破楚國。

按：湯余惠先生認爲此字爲則，連詞，用在兩動詞之間，表示兩種動態的先後關係。

湯先生的解釋是正確的。

王季星：字金文無有。《說文》田部：字從玄從田，即古玄字，傳此金文若《師奎文鼎》，若《䣄医鼎》，若《頌鼎》，若《吳尊》，玄字均作形，且有曳其右尾，如《邾公華鍾》之作，其上均無人，《許書》云：幽遠也，象幽，而覆之也。殆亦以意爲訓，不足據。惟秦《盄和鍾》畜字作，上玄字有，而《晉公𥂴》之畜則作（《綴遺齋彝器考釋》卷二十八）可推證《許書》正文，殆多出自秦篆。畜即蓄之本字，段玉裁云：「畜與蓄意略同，畜從田，其源也，蓄從艸，其委也。」其所以加辵者，亦猶萬字之作（督敦），各（格）字之作（庚贏卣）。

〔註 23〕參見《金文編》四之十二。

〔註 24〕參《貞松堂集古遺文》卷十二，頁 32～39。

陳世輝：遙，玉篇：「行貌。」

張光裕：《玉篇》：「遙、丑六切、行貌。」遙當與蓄同意，該渾然之氣沛然蘊蓄。及其行也，則遙然，故曰：「宎則遙。」

陳邦懷：遙，郭釋蓄，解說：「吸氣深入則多其量」，於釋畜，說「《詩·節南山》箋：『畜，養也』。蓋行氣之道，歸諸自然，則須含養有素。」此字從辵畜聲，它和畜字的音同而意不同，《玉篇·辵部》收有遙字，訓「行貌」。遙意為行，與「行氣」的行字正相呼應。

「吞則遙」，是說行氣之道先吞（吸氣）後遙（行氣）。此句領起以下八句敍述行氣迴環的過程，在全銘中起著引導作用。

郭沫若（一）：遙字亦僅見，當讀為蓄。

湯余惠：遙，通蓄，意思是將「氣」蓄積於氣海，《黃帝內經·靈樞·五味》：「其大氣之摶而不行者，積於胸中，命曰氣海。出於肺，循喉咽，故呼則出，吸則入。」

楊琳：第二行第二個字郭沫若釋蓄，于省吾釋畜。《玉篇》收有此字，訓「行貌」，陳邦懷認為此義「與『行氣』的行字正相呼應」，這些解釋都不能貫通文意。此字當為搐的借字，是抽動的意思。也有可能此字就是搐的古字，因為此字從走之旁，而抽動與行走有關。

趙峰：《玉篇·辵部》：「遙，丑六切、行貌。」此字從辵畜聲，和畜字的音同而義不同。故「遙」當訓為「行」（行氣）。

于省吾：老子曰：「生之畜之，生而不有。」《詩·節南山箋》：「畜，養也。蓋行氣之道，歸諸自然，則須涵養有素，不物於物。」故曰：「天則畜能，畜則渺遠不測。」

何琳儀：遙，讀畜。

李戎：銘文中「深則」之後的字應該是「遙」，讀 chù，義為「行貌」（行進的樣子）。考古界和氣功界將其認作「蓄」，雖然義亦可通，但字終究未識準。

趙松飛（二）：（遙）音 chù

在現今的《辭源》、《辭海》中均查無此字，但在《康熙字典》中有「遙」字，古璽印文中以遙為人名者甚多。陳氏說：「《玉篇·辵部》收有遙字，訓『行貌』。」聞氏釋其本字為「遙」。而於氏釋為「畜」。郭氏說：「遙字亦僅見，當讀為蓄。

⿺辶畜字有動物行動的含義。《莊子・刻意》說：「吹呴呼吸，吐故納新，熊經鳥申，爲壽而已矣。此道（導）引之士，養形之人，彭祖壽考者之所好也。」華陀也有所謂「五禽戲」的導引法。古人的導引法，多爲摹仿各種動物的動作。

筆者認爲這個「⿺辶畜」字，就是指明行炁開始也要煉好導引功法。總綱是以神爲主宰，排除雜念，配合吐納，心平氣和的進行導引，使關節通，百脈暢，以便進一步修煉。

孫啓明（一）：「⿺辶畜」借作「搐」

《集韻・屋韻》：「搐，牽制也。」《漢書・賈誼傳》：「一二指搐，身慮亡聊。」顏師古注：「搐，謂動而痛也。」

按：「深則⿺辶畜」，即「深則搐」，借作「深則痛」。係指交合時陰莖進人過深，而引起損傷疼痛。竹簡《合陰陽》曰「淺之」，即同一意義。

孫啓明（三）：《行氣銘》之「⿺辶畜」字與「古鉢」之「」字相近。借作「搐」。「搐」字無篆文。

按：以上諸位先生皆將「」隸定爲「⿺辶畜」，但讀法上有差異：有「畜」、「蓄」、「搐」三種說法。

從字形看，將「」隸定爲「⿺辶畜」，可從。但是否讀作「畜」、「蓄」、「搐」，可疑。我們認爲此字當讀爲「撤」。

郭店楚墓竹簡《老子》甲 27 簡有字作，今本相對的字作「挫」，關於此字，黃德寬、徐在國二位先生考釋如下：

老甲 27 有字作，原書隸作「⿰畜刂」……《汗簡・手部》「撤」字作，《古文四聲韻・薛韻》引《古老子》「轍」字作。黃錫全先生《汗簡注釋》415 頁說：「搐撤雙聲。此假搐爲撤。」其說可從。撤字古音屬透紐元部，挫字屬精紐歌部，挫撤古音近。〔註 25〕

二位先生的考釋可從。郭店簡，隸作「⿰畜刂」，讀「撤」。《汗簡・手部》「撤」字作，隸作搐（依黃錫全先生說），《古文四聲韻・薛韻》引《古老子》「轍」字作，隸作搐。右旁與的左旁，、的右旁形同或形近。

〔註 25〕黃德寬、徐在國，郭店楚簡文字考釋〔A〕，吉林大學古籍整理研究所建所十五週年紀念文集〔C〕，長春：吉林大學出版社，1998（12），100。

因此，我們懷疑邍應讀爲「撤」。

「撤」字古或訓爲「撤回、撤退」。《三國志·吳志·呂蒙傳》：「羽聞之，必撤備兵。」宋·司馬光《涑水記聞》卷四：「會其夜雪大作，賊撤城下兵去。」銘文「則邍」讀爲「顛則撤」，指體內眞到達頭頂後又退回原路，「撤」與後面的「退」字前後呼應，表示運氣的一個回合（眞氣運行的具體途徑可見附錄二圖四），於文意十分順適。

神

王季星：神字從示從申，與《宗周鍾》之神字從示從申者不同，亦可窺知其時代。郭云：「神」當讀如「伸」，引申之義，愚意不煩改讀，作「神明」解，義更完具。且經傳言屈伸之「伸」字，每多以「信」字代之，《詩·邶風·擊鼓》：「不我信矣」，《儀禮·士相見禮》：「君子欠信」，《孟子·告子上》：「今有無名之，屈而不信」，《荀子·儒效》：「是猶傴信而好升高也」，《禮記·儒行》：「竟信其志」，《易·繫辭》：「屈信相感，而利生焉。」又曰：「尺蠖之屈，以求信也。」其字均從「信」 可爲的證。

陳世輝：神，郭老讀爲伸。

張光裕：「邍則神」者，神當假借爲申，訓爲伸爲引。

風俗通怪神：「神者，申也。」

論衡論死：「神者，伸也。」

說文：「神，天神引出萬物者也，從示申聲。」

禮器禮運：「列於鬼神。」注：「神者，引物而出。」

此渾然之氣出於天而及於下，故曰：「神則下也。」

郭沫若（一）：神讀爲伸。

湯余惠：神，通伸，延伸，謂引蓄積之氣向下運行。

楊琳：神一般認爲是伸的借字。我們認爲本字可通，指交合而產生的快感。《靈樞·本神》：「生之來謂之精，兩精相摶謂之神。」「精」指精氣。《管子·內業》：「精也者，氣之精者也。」《淮南子·天文》：「天地之襲精爲陰陽。」高誘注：「襲，合也。精，氣也。」「兩精」指男女陰陽之精氣。「兩精相摶謂之神」的意思是說兩精交融而產生的快感叫神。馬王堆漢墓簡書《天下至道談》敘交合時抽動的感覺云：「壹動耳目蔥（聰）明，再動聲音章，……十動而產神明。」「神明」指快感的高潮，以其有神奇明快之感，故稱神明，又馬王堆簡書《十問》:「接陰之道,以靜為強。平心如水,靈路(露)內臧(藏)。……神和內得,雲(魂)柏(魄)皇。」「神」指精神的快感,「和」指肉體的舒暢。《詩・魯頌・泮水》「烝烝皇皇」毛傳:「皇皇,美也。」「雲柏皇皇」是對「神和」之美的進一步說明。

「神則下,下則定,定則固,固則明(萌),明(萌)則長」幾句是說快感達到高潮之時精氣就會下行(指射精),下行到某個地方就會停止,停止後會漸漸凝固,凝固後就會萌發,萌發後就會不斷長大。語意明白暢達。

趙峰:「神」當假借為申。《風欲通》:「神者,申也。」《論衡・論死》:「神者,伸也。」《說文》:「神,天神引出萬物者也,從示申聲。」《禮器・禮運》:「列於鬼神。」注:「神者,引物而出。」所以「神」當訓為「伸」,「延伸」之意。

何琳儀:神,讀伸。或讀引。

李戎:下面兩個「神」字都是通假字,通「申(伸)」,延伸的意思。《論衡・論死》「神者,伸也」及《字彙・示部》「神,音申」均可佐證。神、伸均屬真部,疊韻;神屬船紐(神紐),伸屬書紐(審紐),為旁紐。可見「神」與「申(伸)」音極近,故可通。從前氣功界有人把此「□」字直接認成「伸」,未確。「□」本為「神」字,由於古音通假的緣故而通「神」。

孫啓明(一):「神」,慎也。

《爾雅・釋詁下》:「神,慎也。」邢昺疏:「謂謹慎也。」

據此,「遙則神」即「搖則慎」。上句言「深則搖(痛)」,理所當然,應「搖則慎」了,以避免過深導致「小戶嫁痛」。

孫啓明(三):《行氣銘》之「神」字,與「三體石經多方」之「□」字之「不」旁寫法相同。亦與「開母闕」之「□」字之右半之「□」字寫法相同。「三體石經」由三種文字刻製,此「□」字為古文寫法。

按:王季星先生等讀為「伸」,至確,但意思應以李戎先生等訓為「延伸」為是。

下

王季星:下字不從古文丅,與秦篆古文酷肖,亦可證其晚出。

湯余惠:下,下行,引氣繼續下行。

孫啓明（一）：「下」，入也

此處之「下」爲置人其中之意。《論衡・物勢》：「若爍銅之下形，燔器之得火也。」

「神則下」，即「慎則下」。亦即「慎則入」。竹簡《合陰陽》、《天下至道談》兩書中，此下字之用頻見。

孫啓明（三）：《行氣銘》之「下」字，與「蔡侯盤」之「下」字相同。蔡侯盤爲西周青銅器。

按：湯余惠先生從氣功學角度出發，釋爲「下行」；孫啓明先生從孕育學角度出發，釋爲「入」。

湯說爲是。

陳世輝：定字在這作底字講，郭老說：「底者定也。」

湯余惠：定，猶言停，下行之氣到達一定的部位（大約是下丹田），便須停下來。

何琳儀：定，見《爾雅・釋詁》「下，止也。」

孫啓明（一）：「定」，止也

《爾雅・釋詁下》：「定，止也。」《玉篇・宀部》：「定，住也，息也。」《詩・小雅・采薇》：「我戍未定，靡使歸聘。」鄭玄箋：「定，止也。我方守於北狄，未得止息。」

「下則定」，指進人到適當深度就要停止深入，以免太過致害。

孫啓明（三）：《行氣銘》之「定」字，與「衛盉」之「　」及「伯定盉」之「　」寫法相同。盉，爲商殷及西周初期之青銅器。

按：陳世輝先生釋「定字在這作底字講」，非是。

湯余惠先生釋「停」，孫啓明先生釋「止」。湯、孫二者意同，至確。

湯余惠：固，強固，充實。氣功理論認爲，行氣至下丹田後，須以意念引氣回轉，產生「熱團」，令其往復於臍、命門和會陰之間，可以取得「內壯」健身的效果，這可能就是所謂「固」。

何琳儀：固，見《集韻》「固，一曰，堅也。」

孫啓明（一）：「固」，一也。

《廣韻・暮韻》：「固，一也。」《國語・周語上》：「吾聞夫犬戎樹惇，帥舊德而守終純固，其有以御我矣！」韋昭注：「固，一也。言犬戎循先王之舊德，奉其常職，天性專一，終身不移。」

「定則固」，指專心致志從事，不得分心。以保持最佳之心理（精神）狀態，全身心地投人。

孫啓明（三）：《行氣銘》之「固」字，與「江陵楚簡」之「 」，「老子甲三六」之「 」字相同。《老子》，1973 年長沙馬王堆三號漢墓出土帛書《老子》甲本與乙本，爲最古老的《老子》抄本。老子爲春秋末人。

按：諸位先生皆認爲此字爲形容詞，至確，意思應以湯余惠先生釋「強固、充實」爲是。但依句意當是形容詞活用爲動詞。

王季星：字形與《屭羌鍾》〔註 26〕相類，郭云：明，讀如「萌」，愚意不改讀亦可。

陳世輝：明，郭老讀爲萌。

許國經：當楷化作「明」，不應視爲「萌」的借字，也不應作「萌芽」解。從銘文的上下文和行氣的特有景象效應來考察，這一「明」字具有較爲深廣的含義。從「明」字的結構看，它從日從月。商承祚《說文中之古文考》云：「日月相合以會明意。」在古代氣功文獻中，多以日比喻陽氣，以月比喻陰氣。在行氣中，陰陽二氣相合，就會出現光照景象，練功有素者從氣功特有的「返視」中可以感覺到。而光照又有向外發射之義。《廣雅・釋詁四》：「明，發也。」因而玉銘中的「明」，同時又有吐氣的意思。《大戴禮記・曾子天圓篇》云：「天道曰圓，地道曰方。方曰幽，而圓曰明。明者，吐氣者也，是故外景。」《淮南子・天文訓》也有此說：「明者，吐氣者也，是故火曰外景・內景含氣，外景吐氣。」足證銘文中的明字混含多義。這是古代氣功文獻詞語特殊用法的又一表現。練功有素者在行氣中自可心領神會。

〔註 26〕郭沫若《兩周金文辭大系考釋》作《屭芌鍾》讀「芌」爲「苟」，謂即是「狗」之初文，與《說文》「苟」字爲一，此意實未敢苟同，今仍從俗作《屭羌鍾》。

郭沫若（二）：明讀爲萌。

湯余惠：明，通萌，萌生，指氣開始向上萌動。

趙峰：「明」郭氏曰：「明讀爲萌」。指氣固之後便向上萌生。

何琳儀：明，讀萌。《爾雅・釋詁》四「明，發也。」

李戎：兩個「明」字，不讀 míng，而是後世「萌」字的「原字」（或稱「初文」、「字根」亦可，但學術界認爲不能稱爲「本字」，以免與「通假字」的「本字」混淆不清）。換言之，「萌」是「明」的「後起區別字」（清代學者王筠稱爲「分別文」），簡稱「區別字」，區別字又叫「初文」、「孳乳字」等，它與通假字是性質完全不同的兩種文獻語言現象，不能混爲一談（詳見筆者 1996 年至 1999 年在本刊發表的一系列文章及近期在上海出版的《通假字、古今字與區別字研究》、《中醫藥通假字字典》等拙著）。

孫啓明（一）：「明」，盛也。

《左傳・哀公十六年》：「與不仁人爭，明無不勝。」王引之《述聞》：「明，猶彊也。」《淮南子・說林》：「石生而堅，蘭生而芳，少自其質，長而愈明。」高誘注：「明，猶盛也。」《論衡・道虛》：「膚溫腹飽，精神明盛。」

以「精神明盛」釋「固則明」，無疑是最恰當的。「固則明」，即「固則盛（強盛）」。

孫啓明（二）：《行氣銘》之「明」字，與「楚帛書」之「」字相似。

按：孫啓明先生釋法非是，其他先生釋法至確，訓爲「萌動」。

王季星：字從立從長，今考《屭羌鍾》（，齊人長城）之，亦有偏旁立字。

陳世輝：䟫同長，戰國時這種寫法很多。

張光裕：明則退䟫，，屭氏鍾有字曰：「人䟫㙊。」兩周金文辭大系考釋云：「䟫㙊即長城，古錄有『䟫孫』及『䟫孫退』，即複姓之長孫。」而先秦泉幣中齊刀有「齊造邦張法化」一品，䟫字更作、、、、等形。又方足布有「（長安）一品」，是長之作「䟫」者，蓋爲戰國年間風行一時之作法也。故此銘之「䟫」亦即長字，斷無可疑。竊疑此「䟫」當讀作揚，亦與揚同意。說文通訓定聲：

長，假借爲張。

又引正韻：

長，增盛也。

素問四氣調神大論「則太陽不長。」注：

長，謂外茂也。

長、揚同屬陽韻，詩猗嗟、昌、長、揚、蹌、臧互叶可證，今語云「揚長而去」，亦其聲義互訓之例。今簠有⿸厂長字，曰：「用[illegible]（敬）⿸厂長（揚）於皇王，令敢⿸厂長皇王宦。兩周金文辭大系考釋云：「兩⿸厂長字從廠長聲，殆是碭之古文，讀爲揚、知者，以上言『令敢⿸厂長皇王宦』文例全同，則⿸厂長亦揚矣。」觀此，是長揚通假之確證也。《書・立政》：「以揚武王之大烈。」《顧命》：「用答揚文武之光訓。」揚俱有顯揚之意。然則「明則⿰立長（揚）」，固能順明晰；不必若於氏之訓長爲常矣！

陳邦懷：⿰立長，又見於戰國銅器銘文和古璽。《驫羌銅銘》「入⿰立長城」，字作長短之長；《中山王嚳壺銘》「而退與者（諸）候齒⿰立長」，字作長幼之長；此字在玉銘中讀作長養之長。玉銘上句意爲萌動，下句意爲長養，意相承因。

林誌強：又如「⿰立長」字，又見於戰國銅器銘文和古璽，可資比較。

郭沫若（二）：⿰立長乃長字之異。《驫羌鍾》長城字，古璽長孫字，均如是作。字在此讀爲成長之長。

湯余惠：⿰立長，同長，指氣上行。

趙峰：「明則⿰立長」：「⿰立長」又見於戰國銅器銘文和古璽。洛陽出土的一戰國鍾銘有字：「入 AB」（本文部分疑難字按英文字母順序編號列於文末，請讀者注意）《兩周金文辭大系》考釋云：「⿰立長⿱成土即長城，古鉢有『⿰立長孫』及『⿰立長孫退』即複姓之長孫。」又先秦泉幣中齊刀有「齊造邦⿰立長夻化」，趙國平肩方足布有「⿰立長安」，是長之作「⿰立長」者，蓋爲戰國年間風行一時之寫法也。故此銘之「⿰立長」亦即「長」字。讀作成長之「長」。

趙松飛（二）：[illegible]（長）音 zhǎng

「長」字有兩種音義：一爲 cháng，是長短，長處之義；一爲 zhǎng，是生長，增長之義。

古人選用加「立」旁的異體字，也確有深意。「立」有樹直、生存之義。「立長」也是「立長者爲嗣」。此字只能讀 zhǎng，而不能讀 chǎng。古人雕刻「立」旁，就避免誤讀之弊。

郭氏說：「䟫乃『長』字之異」，「字在此讀爲成長之長」。此論斷很正確。衆人在考釋中均無疑義。但有個別人釋爲「能」和「漲」，實爲多此一舉。

孫啓明（一）：「長」，久也。

《說文》：「長，久遠也。」余永梁《殷虛文字考續考》：「長，實象人發長皃，引申爲長久之義。」《廣雅・釋詁三》：「長，久也。」《書・盤庚中》：「汝不謀長。」孔傳：「汝不謀長久之計。」

「明則長」，即「明則久」，亦即「盛則久」。

孫啓明（三）：《行氣銘》之「長」字，與「繹山碑」之「[illegible]」字相似。都屬於「左右結構」的字。「[illegible]」字右半之「[illegible]」即「長」字。自甲骨文以下，長字都作「上下結構」，如：

「林二・二六・七」寫作「[illegible]」，「乙八八 二」寫作「[illegible]」，「前七・五・二」寫作「[illegible]」，「牆盤」寫作「[illegible]」，（說文）古文寫作「[illegible]」、「[illegible]」，《說文・長部》：「[illegible]，長安鋗寫作「[illegible]，也是「上下結構」。

「繹山碑」即「嶧山石刻」，刻製於秦始皇二十八年（西元前 219 年），爲秦始皇東巡時所立，相傳爲李斯用小篆書寫，但「[illegible]」字非小篆而是籀文（大篆）。

按：諸家皆釋「長」，至確。意思當以湯余惠先生訓爲「指氣上行」爲是。

[illegible]

王季星：即《說文》之退字，退也。

張光裕：說文：[illegible]卻也，一曰行遲也，從彳從日從夂。衲退或從內，辵旻文從辵。

廣雅釋詁二：退，歸也。

揚之飾，則歸於天，反乎自然，此義於氏引論至確。

陳邦懷：退，原篆作[illegible]，於、郭皆釋退。過去我也釋過退，現在看來應釋爲退，也就是復。《中山王嚳鼎銘》「五年退吳」，字作[illegible]，《中山胤嗣𡚱蛮壺銘》「弗[illegible]（得）」，同此。[illegible]，即[illegible]，兩側的筆畫爲衍飾，玉文退字省去字形中間的部分，下邊不附加口。《候馬盟書》宗盟類盟辭「而敢有志復趙尼及其子孫與晉邦之墜者」與委質類盟辭「或復入晉邦之墜者」的退字的寫法很多，其中有一種寫作[illegible]，這種寫法與玉文退字幾乎全同。復字在玉銘中訓返、還。

許國經：當楷化作「遉」。字本作「復」，後作「復」。此字三代金石篆文形體與「退」相近，故有楷化爲「退」者。筆者根據三代金石篆文拓文形體差別，並結合玉銘文義，認爲楷化爲「遉」較爲適合，聞、郭二說欠妥。此字篆書並非僅見，《侯馬盟書》和《散盤》均有此寫法。周法高主編的《金文詁林》（香港中文大學出版）收載此字，並在其下引高鴻縉《散盤集釋》云：「（復）周人加辵爲意符。秦篆省，隸楷作復。」《說文》：「復，行故道也。」又「復，往來也。」銘文中的遉，其義即氣在體內走原路循環往復。

湯余惠：遉，同復，謂上行指氣返回到氣所從入的口鼻部位。遉字下也應有重文符號「＝」，此漏刻。

楊琳：第七行第一個字于省吾、郭沫若皆釋退，陳邦懷起初也釋退，後改釋復。竊謂還以釋退爲是。「長則退」是說胎兒長到一定階段會倒退轉胎。

趙峰：「」字過去較多地將其釋作退。〔註27〕《中山王嚳鼎銘》：「五年遉吳」，字作，《中山胤嗣𡥆蚉壺銘》：「弗可遉得」，「遉」字同此。《侯馬盟書》中有一種寫作，這種寫法與玉銘的遉字極爲相似。故銘文中的當釋作遉，也就是復，訓「返，還」。指「返回原處。」

趙松飛（一）：第七行第一字爲「退」，退則復復（此字沒刻重文符號，暗刻字內）。

趙松飛（二）：（退=則復=）。

此字是第一個最難考釋的字。所有考釋者都把它定爲一個字。更是字下側理應有重文符號，而古人沒有刻。

郭氏和於氏均釋爲「退」。聞氏釋爲「遉」。陳氏釋爲「復」。

文中共有八個字的下側刻有重文符號（=）。郭氏說：「有九字重文」，沒說此字沒刻重文符號。聞氏和於氏均未談重文符號。只有陳氏說：「從文理上看，第七行首字之下漏刻重文符號一個」。筆者堅信決非古人漏刻，此字不刻重文符合，必有深奧在其中。

筆者對文字精細觀察後，終於發現了神妙之處。就是字中刻了兩處不應該有的「斷筆」。一處是中的上邊一橫爲斷筆；一處是夂的一捺爲斷筆。這兩處斷筆，正暗示有兩個重文符號，同時斷定其中應內含兩個文字。

既然有兩個帶重文符號的字，理應中間有一個「則」字連接。

〔註27〕于省吾在《雙劍誃吉金文選》中釋作「退」，郭沫若在《天地玄黃》及《古代文字之辯證的發展》中都將其釋作「退」。

筆者認爲其中的形可象徵「則」字。

筆者多查字書，均無此字。但與此字類型相似的字有四個：

（此字眞有點四象四不像了）

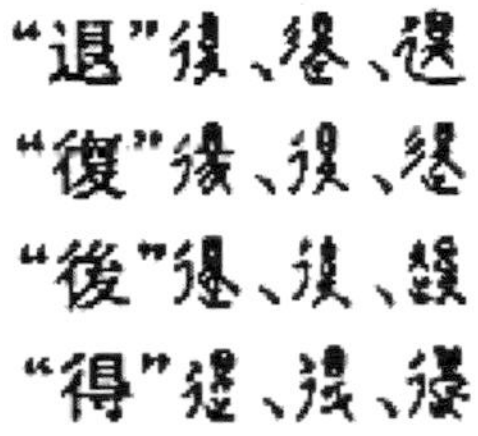

筆者認爲「退、復」兩字相似之處較多，所以選用了。但「後、得」兩字也可作爲考釋的參考。以上四個字都與道家丹功的寓義有關。

綜上所述，筆者將此字考釋爲「退=則復=」此處釋文讀爲「長則退、退則復、復則天」。

筆者認爲如將此字定爲漏刻重文符號的一個字，行文至此，共爲三言九句，文理上是極不對偶的。按筆者的考釋，行文至此爲三言十句，眞正是非常嚴謹的文體。

《老子》說：「道生一，一生二，二生三，三生萬物。」古人受十二面欽所限，就暗將此字一分爲三，如此神妙設計來隱藏經文，其高超智謀更令人欽佩之至。

李戎：銘文中的「復」，是「退」的古字（《玉篇・辵部》：「復，古『退』字。」），考古界與氣功界有人把它認成「復」，可能是因爲「復」與繁體「復」字形相近易混的緣故。

孫啓明（一）：「復」，退也

《說文・彳部》：「復，卻也。一曰行遲也。」《玉篇・彳部》：「復，古退字。」《集韻・隊韻》：「復，隸作退。」後作復。《祝睦碑》：「復衡門，童冠翔集。」《隸辨》卷四：「復，《梁休碑》：『罔復潛伏。』清顧藹光注：「復即退字。《說文》本作復，下從夂，碑變從友。」則「長則復」，即「久則退」。意謂及時退出交合。

孫啓明（三）：《行氣銘》「退」字，與「中山王墓宮堂圖」之「」字近似。

按：王季星先生等釋「退」；陳邦懷先生等釋「復」。前釋爲是，此字與前文的「遙（撤）」相呼應。

王季星：字有二重文，郭云讀如顚，上文有首義，而下文則爲天地之天，余以同一文字，義不容兩出。當仍同釋爲天。上文之天，即《莊子・天地篇》所謂「無爲爲之之謂天」，是也。

「復則天」的天，訓顚、頂。此句說的是呼出的氣要返還到顚頂。

陳世輝：天字作頭頂講。

郭沫若（二）：上天字當讀爲顚。實則天即古顚字，顧原義之失已久。

湯余惠：天，甲骨文作[illegible]、[illegible]，即顚頂本字；本銘作動詞使用，意思是至頭頂。「復則天」與氣功家所謂「氣貫百會」意同。由「吞則蓄」至「復則天」，講的是行氣的具體方法，實際上是吐納的一個回合。

楊琳：此句講行氣原理。這句銘文的大意是，天根在上，地根在下，天地氤氳，萬物乃生；人體有如天地，陰陽調合，才有生機。順乎此理者生，逆乎此理者死。

天的本義人們通常根據《說文》「天，顚也」的聲訓理解爲頭頂，這是錯誤的。聲訓衹是在說明詞的語源，並不是在直接釋義。《說文》中還有「門，聞也」「日，實也」的說法，我們顯然不能認爲「門」眞有「聞」的意思，「日」眞有「實」的意思。天在甲骨文中是個從大（人）從丁（頂的初文）丁亦聲的會意兼形聲的字，其本義是人的頂部、上部，也就是頭部。卜辭中有「弗疾朕天」（《乙》9067）的句子，聯繫「婦好疾齒」（《乙》3164）（婦好牙齒生病了）、「疾目」（《佚》524）（眼睛生病）、「有疾自」（《乙》6385）（有人鼻子生病）這些同類型的句子來考慮，「疾天」就是頭疼或頭生病的意思。有些人解釋成「頭頂生病」，〔註28〕未免拘泥於《說文》了。《山海經・海外西經》：「形天與帝至此爭神，帝斷其首，葬之常羊之山。乃以乳爲目，以臍爲口，操干戚以舞。」因「帝斷其首」，故稱之爲「形（刑）天」，這也證明天指整個頭，並非專指頭頂。《易經・睽卦》：「其人天且劓。」三國虞翻注：「黥額爲天。」在額頭上刺刻塗墨的刑罰叫天，這也表明天的本義是頭。如果天的本義是專指頭頂的話，刺刻額頭就不能叫天。《行氣銘》中的天就是用其本義。「退則天」是說胎兒倒轉則頭朝下。

〔註28〕趙城，甲骨文簡明詞典〔Z〕，北京：中華書局，1988：159。

趙峰：「復則天」的「天」，當訓爲「顛、頂」，實則天即古顛字。〔註 29〕此句說的是要把返回之氣向上引致頭頂。天，顛的本字，即頭頂。這裡用作動詞。

孫啓明（一）：「天」，壽也。

「復則天」，天謂天年，與天同壽之意。「復則天」，即「退則壽」。

「天」，男性；「地」，女性

「天亓舂在上，地亓舂在下」指行房交合時男女之體位男性在上，女性居下。

孫啓明（三）：《行氣銘》之「天」字，與「頌鼎」之「天」及「牆盤」之「天」，寫法相同。

按：王季星先生等釋「天，訓顛、頂」，至確。依銘文句意，前一「天」字是名詞活用爲動詞，指體內眞氣後退到頭頂；後一「天」字爲名詞。

亓

王季星：篆文基，即其字，《欽罍》其正作丌。《汲塚書・穆天了傳》曾屢見之。

張光裕：亓即其字古文，敦煌本夏書：天用剿匴亓命（甘誓）、「亓」即「其」也。玉篇「其」下云：「亓、古文」，又「其」字楚繒書作亓，山西侯馬出土東周盟畫作「丌」皆可互證。

沈壽：關於「天幾舂在上，地幾舂在下」句「幾」字可通釋爲「機」。古人認爲，人體的天機在頭部，地機在兩足。

陳邦懷：兩個丌字，郭沫若同志認爲：「可讀爲其，也可讀爲機，應以讀機爲較適。」其實，讀爲其非常順適，讀爲機反倒費解。我們明瞭了杳即本之後，覺得「天丌本」和「墜丌本」的丌字，從語法角度看應該是個助詞，它的用法同助詞之一樣。如將丌換作之，這兩句銘文就是：「天之本在上，墜之本在下」。周代銅器銘文中有用其爲之字的。《六年召伯虎簋銘》：「對楊朕宗君其休」，于省吾同志說：「其，猶之也。《康誥》『聊其弟』，言聊之弟也。」此說很正確。今特引用，以證明玉銘丌不但讀作其，而且用同之。但是，於

〔註 29〕郭沫若，郭沫若全集・考古編・第十卷〔C〕，北京：科學出版社，1992（10）：94～95。

氏在研究玉銘時，把天地皆斷作一句讀，不和下面的其字連在一起讀，可能沒有注意到玉銘的其字也是和之字同用的。

《孟子・離婁》篇裏有這樣兩句：「國之本在家，家之本在身」。馬王堆帛書《經法・君正》篇裏也有類似的兩句：「人之本在地，地之本在宜」，它們都是「×在×」的偶句，玉銘「天之本在上，墜之本在下」，也正是這種句式的偶句。據此，將玉銘丌讀作其，解釋爲與之同用；將玉銘沯釋作根本之本，都是不錯的。

許國經：此字聞、陳二說爲「其」，郭說「可讀爲其，也可讀爲機，應以讀機爲較適」。另有釋爲「兀」者。三種解釋，如就字論字，雖各持之有據，但言之未盡成理。只須將其中任一解釋放在銘文的具體語言環境中加以考察，就會發現均嫌牽強，有失原義。筆者認爲此字

實爲「亓」的古文，當楷化作「元」，應釋爲混元之氣或混一之氣。《金文詁林》收載此字，其下引高景成云：「乃元字初文，與兀爲一字。」又引孫治讓曰：「似兀字，即元字之省。」《王孫鍾》、《陳肪簋》上所刻篆文元字均有此寫法。（見《金文詁林》卷一，12～13 頁）銘文中的「天元沯在上，地元沯在下」的「天元」和「地元」即指乾天混元之氣和坤地混元之氣。《易・乾》：「大哉乾元，萬物資始。」《九家易》：「元者，氣之始也。」《鶡冠子・王鈇》：「天始於元。」陸佃注：「元以氣言之。」均可爲證。將兀楷作元，釋爲混元之氣，其在銘文內所處的語言環境之中，乃至在玉銘的全文之中，均可順理成章。

郭沫若（一）：兩丌字當讀爲機。

郭沫若（二）：銘中兩個「丌」字，可讀爲其，也可讀爲機，應以讀機爲較適。

湯余惠：丌，同其；之、其古同部，往往互用，天其本、地其本，猶說天之本、地之本。

楊琳：第八行第一個字古常用作「其」。《說文》「丌」下段注：「古多用爲今渠之切之其。」

趙峰：「天丌沯才上，墜丌沯才下」：兩個丌，即「其」之古文。戰國飲壘作「丌」，子朱子沯作「亓」，侯馬盟書作「亓」，皆可互證。郭沫若認爲「可讀爲其，也可讀爲機，應以讀機爲較適。」其實從上下文意來看，「丌」讀爲其極爲通順。

趙松飛（二）：丌（基）

聞氏、於氏、陳氏都釋爲「其」，郭氏釋爲「幾」。說：「銘中兩個『幾』字，可讀爲其，也可讀爲機，應以讀機爲較適」。有人釋爲「元」，實爲勉強。只有陳世輝《玉飾銘和氣功療法》（1961 年 11 月 21 日《光明日報》）和沈洪訓《行氣銘拓文和釋義》（1984 年 3 期《氣功與科學》）兩人釋爲「基」。

《說文》：「丌，下基也。薦物之丌，象形」。這是器物的座墊。

基、其兩字的寫法，古人差別很大。「其」字體有丌、𠀠、其。雖然《墨子》說：「其字多作丌」。但是，文字進展後，兩字的概念完全不同。「基」有基礎、根本、開始之義，比「其」字含義深遠。應釋「基」字爲正。

李戎：「天亓春在上，地亓春在下」的「亓」，從前大多認作「幾」，筆者再三比較，並請教有關學者，將其識作「亓」，即「其」。

孫啓明（一）：貴刊今年第 1 期刊有李戎撰《戰國玉杖首〈行氣銘〉集考及其銘文新釋》（以下簡稱李文）一文，文中提到：「天亓春在上，地亓春在下」的「亓」，從前大都認作「幾」，筆者再三比較，並請教有關學者，將其認作「幾」，筆者再三比較，並請教有關學者，將其識作「亓」即「其」。李文將「亓」釋爲「其」，良是。

古文「亓」，本作「丌」。觀《行氣銘》拓片，其中之兩「丌」字正作「丌」。故《行氣銘》釋文當作「天丌春在上，地丌春在下」，而不應作「天亓春在上，地亓春在下」，以冀與原字形不悖。

據考，「開」字有兩音兩義：其一，音箕（jī），作名詞用；其二，音其（qí），作代詞用。《說文》：「丌，下基也，薦物之丌，象形，讀若箕同。」段玉裁注：「平而有足，可以薦物。」按，此即「茶几」、「擱幾」之「幾」，爲名詞用例。《集韻・之韻》：「其，古作丌、亓。」《墨子・公孟》：「是猶命人葆，而去亓冠也。」清孫詒讓閒詁：「亓，畢本作丌……丌即其字，以意改。王引之云，古其字亦有作丌者。」《泰山都尉孔君碑》：「於亓時雍，撫茲岱方。」此即作代詞用例。

但古人對「丌」、「亓」兩字亦多不識。清人俞樾在《古書疑義舉例・卷七・不識古字而誤改例》中言之頗詳。他說「其」，古文作「丌」。學者少見多怪，遇有古字而不能識以形似之字改之，往往失其本眞矣。

俞樾舉「亓」字之例說：「《周易・雜卦傳》：『噬嗑，食也。賁，其色也。』蓋以食、色相對成文，加『其』字以足句也。『其』，從古文作『亓』，學者不識，遂改作『無』字，雖曲爲之說而不可通矣。《周書・文政篇》『基有危傾』。『基』字假作『其』爲之，蓋古字通用。《詩・昊天・有成命篇》：『夙夜基命宥密。』《禮記》、孔子《閒居篇》作『夙夜其命宥密。』是其證也。因『其』字從古文作『亓』，學者不識，改作『示』字，『示有危傾』，義不可通矣。《國語・吳語》：『伯父多歷年以沒其身。』語竟甚明，因『其』字從古文作『亓』，學者不識，改作『元』字，『以沒元身』，義不可通矣。」

若此，《行氣銘》「天丌舂在上，地丌舂在下」，訓作「天幾舂在上，地幾舂在下」，則其義亦不可通。「天幾」、「地幾」，莫知所云，實不成詞。

今時存世之古經史中之「丌」、「亓」字，早已爲古代之後人逕改爲「其」字，故甚難從傳世古籍中尋其蹤迹（指書證、用例）。幸而，現代出土之先秦醫書中尚可見到。在湖南長沙馬王堆漢墓出土之竹簡書《十問》中，存在大量的「亓」字。經筆者逐一清點，見全篇有 15 個「其」字與 14 個「亓」字。茲將「亓」字用例與關聯文句摘抄於下。

（1）朝息之志，亓（其）出也湑（務）合於天，亓（其）人也楑（揆）坡（彼）閨誧……。（見第 4 問，黃帝問於容成）

（2）舜曰：「飲食弗以，謀慮弗使，諱其名而匿其膿（體），亓（其）使甚多，而無寬禮，故興（與）身俱生而先身死。」（見第 5 問，堯問於舜）

（3）坡（彼）生有央（殃），必亓（其）陰精扇（漏）泄，百脈宛（莞）廢，喜怒不時，不明大道，生氣去之。……明大道者，亓（其）行陵雲，……。（第 6 問，王子巧問於彭祖）

（4）亓（其）事一虛一實，治之有節。……四曰含亓（其）五味，飲夫泉英。五曰群精皆上，翕亓（其）大明。（第 7 問，帝盤庚問於耇老）

（5）非味也，無以充亓（其）中而長其節；非事也，無以動亓（其）四支（肢）而移去其疾。（見第 8 問，禹問於師癸）

（6）亓（其）受天氣也蚤（早），亓（其）受地氣也葆，……。酒者，五穀之精氣也，亓（其）人（入）中散溜（流），亓（其）人（人）理也徹而周，不胥臥而九（究）理，故以爲百藥繇（由）。（見第 9 問，齊威王問文摯）

以上《十問》之 14 處「亓」字，均屬代詞，故帛書整理小組均括注爲「其」字。

在馬王堆三號漢墓出土的 14 種醫書中，帛醫書爲 10 種，簡醫書爲 4 種。在此 14 種帛簡書中僅《十問》一書中出現 14 個「亓」字，其餘 13 種帛簡書中的「其」都作「其」，不見有「亓」字。就「亓」字出現的時間來推斷，《十問》應該是此 14 種古醫籍中最古老的一種。

在湖北江陵張家山漢墓出土之竹簡書《引書》中，所用的「其」字，除 38 處爲「其」字外，另有 3 處爲「亓」字：引腸闢，端伏，加頤枕上，交手頸下，令人踐亓（其）要，毋息，而力舉尻，三而已。亓（其）病不能自舉者，令人以衣爲舉亓（其）尻。

孫啓明（三）：《行氣銘》之「其」字，與「欽罍」之「 」字相同。

按：此字應以李戎、孫啓明兩位先生釋法「應隸作『亓』，讀爲『其』」爲是。

干季星： 字郭讀爲舂，踳駁最甚，且與文無施。案《說文》臼部：「 粟也。從 持 臨臼上， ，杵省也。」今 字上從 ，絕不類 之持 ，其字即本之古文。《說文》木部：木下曰本，從木，一在其下。徐鍇曰：「一」，記其處也。又別出古文 。短畫「一」之變而爲「 」者，在本文中即不乏例證；如墜字下土之作 ，生字之作 均是。準此知 之爲本，無可置疑。又其下從 ，與古文之 頗相類，殆所以象植木時所掘之坑形。知丌 即其本二字，其義更無煩瑣說矣。

陳世輝：舂讀爲樁，說文：「樁，橛杙也。」樁在這裡作動詞用，是按裝的意思。

張光裕： 字於氏釋舂，三代十四、八著錄白舂盉，舂字作 ，與玉刀珌銘相似。然其字形結構亦自有別。金師祥恒以說文古文「本」作「 」小篆作 ，謂 字所從之 或爲「 」之訛，觀乎文義，舂本可互訓，其義亦一，然自字形言之，則以釋「本」之說爲長。

沈壽：舂，或即「樁」（椿）字的古寫；但也有可能以古代舂杵勞作運動的形象，來借喻站樁時內氣的上下運轉。

陳邦懷：「天丌 才上，墜丌 才下」，兩個 字原篆作 ，於、郭皆釋舂，小篆作 。《說文解字》解釋這個字的字形說：「從 持杵以臨臼，杵省。」許慎所說的杵省，指的是 。玉文 ，上從 ，下從臼，上部既不從 ，又不作 形，只有下部與舂相同，顯然釋舂不對。 ，實爲本字，從 等於從一，玉銘墜字、生字所從之土皆作 ，可爲旁證。 是戰國時的古文。《說文解字》:「本，從木，一在其下。𣎵，古文。」段玉裁注說:「從木，象形也，根多竅，似口，故從三口。」段說是對的。𦥓，因根竅似臼，故從臼，這與𣎵從三口意思是一樣的。《莊子・齊物論》篇裏有這一段文字:「大木百圍之竅穴，似鼻、似口、似耳、似枅、似圈、似臼、似窪者，似汙者」，可引來解釋𦥓、𣎵的字形。

許國經:楷化作「舂」，聞、郭二說爲是，但詮釋欠妥。若依陳說楷化爲「本」則費解。「舂」有上下反覆衝動之義。《老子》四十二章:「萬物負陰而抱陽，冲氣以爲和。」其中「冲」字有陰陽二氣交冲激蕩之義，與銘文中的「舂」，形雖異而音同義通，用爲詮釋，當有助於對行氣的理解。

林誌強:從本從臼，于省吾、郭沫若釋「舂」陳邦懷釋「本」。陳釋是。「本」《說文》古文作木下從三口，段注云:「木，象形也，根多竅，似口，故從三口」。《莊子・齊物論》中說:「大木百圍之竅穴，似鼻，似口，似耳，似圈，似臼，似窪者，似汙者。」古多大木，「本」之本字當作「木」下從三「口」之形，後爲簡省起見，去掉下部之「口」，而在「木」下加一小横以示根本之所在。行氣玉銘中「本」字，是綜合繁體和省體而成的。這個字揭示了「本」字的源流，很有價值。

饒宗頤:至於[illegible]字，隸定作𦥓，其下從臼，故於氏據《三代吉金》十四、八之白[illegible]盉釋舂。王季星、金祥恒均認[illegible]乃《說文》古文本字𣎵之形訛，而逕讀爲本。其文即「天，其本在上;地，其本在下。巡（順）則生，逆則死」。其義較長。

湯余惠:𦥓，陳邦懷釋本，可從。本即根，下從臼，疑表植物根部所在的坑坎，《說文》古文作𣎵，下從三口，或謂即臼形之變。

楊琳:第八行第二個字于省吾、郭沫若皆釋舂，陳邦懷釋本，後說爲是。

趙峰:兩個「𦥓」字原文作「[illegible]」，于省吾、郭沫若皆釋爲「舂」，而《三代吉金文存》著錄的白舂盉，「舂」字作「[illegible]」。《說文》:「從[illegible]持杵以臨臼，杵省。」玉文「[illegible]」既不從[illegible]，又不作[illegible]形，顯然它們的形體還是有一定的差別，故不應將之釋作「舂」」。《說文》:「本，以木，一在其下。」戰國時文字的繁化現象占很大的比例，而下邊所從之臼，也可以認爲是增繁標義偏旁，即在「本」字這一原有的形符基礎上再增加一個形符臼。〔註30〕于省吾在《雙劍誃殷契駢枝・釋氣》中說:「古籀補二・十一有[illegible]」，亦可爲其旁徵。而陳

〔註30〕何琳儀，戰國文字通論〔M〕，北京:中華書局，1988:4。

邦懷認爲「𦥺，因根竅似臼，故從臼，這與𣬈從三口意思是一樣的。」〔註31〕這種說法則似乎顯得遷強，如此則何以解釋氣的籀文「𣱛」呢敘故可以將「𦥺」字看作是「本」字的古文，是由「本」繁化而產生的。

干省吾：舂通蠱。《說文》：「蠱，器虛也。」老子道：「蠱而用之，字亦以沖爲之。」天地之道以有爲禮，以無爲用。

何琳儀：𦥺，從臼，本聲。𦥺，讀本。

李戎：下文「舂」，以前被訓爲「動」，似不確。「舂」當爲通假字，通「沖（沖）」。《正字通・臼部》「『舂』，與『沖』通」可證。但這個「沖」並非「衝擊」、「衝動」之義。那麽，「沖」在這裡是什麽意思呢？筆者以爲應該是：古代五行家謂相對應、相反爲「沖」。「舂（沖）」在此起將「天」、「地」對應起來的作用。《廣雅・釋天》王念孫疏證：「十一月與五月相對，故曰『沖』。『沖』者，相對之名。」又，《淮南子・天文訓》：「其對爲『沖』。」咸可爲證。以前學者皆釋「舂」爲「衝動」之「動」，與文義不屬，誤矣。

趙松飛（二）：𦥺（本、臼）。

此字是第二個最難考釋的。

郭氏釋爲「舂」，於氏附合；陳氏釋爲「本」，而聞氏未釋。還有人釋爲「椿」、「根」、「臿」等。

所有的考釋者都當成一個字。所以釋文在此處，便由三言句變成五言句。後面又還原成三言句。從文理上來講，此種變句不倫不類，極不通順。

此字上部爲「本」，下部爲「臼」是毫無疑義的。但合在一起，筆者多查字書，均無此字。

筆者認爲「本」的一小横，古人刻成小圈「○"，也帶有分句之義。所以應釋爲「本、臼」兩字，此處釋文讀爲：「天基本、臼在上，地基本，臼在下」。就全部成爲三言句的經文了。

「臼」爲舂米的容器，寓義爲道家丹功的丹田。筆者仔細觀察後，發現兩字的「臼」有不同的刻筆。八面的爲𦥑，內下的兩小横連筆；十面的爲𦥑，內下的兩小横斷筆。這兩處的微細精刻，決非古人粗心大意，而是與天、地有直接關聯。道家丹功，修命是屬「地」的，炁要由丹田上陞，因此不能封閉（斷筆的寓義）；修性是屬「天」的，結丹、養嬰要封閉丹田（連筆的寓義）。

〔註31〕陳邦懷，戰國《行氣玉銘》考釋〔A〕，古文字研究・第七輯〔C〕，北京：中華書局，1982（6）：187～192。

如果將兩字互換位置，以上論說就不成立了。

古人用「斷筆」和「連筆」，來暗隱丹田的奧秘。更加證明古人構思的神妙了。古人受十二面行欵字數所限，就將兩個字合在一個字位，這和[illegible]的一分爲三，眞是一曲同工，值得敬佩！

孫啓明（一）:「舂」，象男女之陰器。

《說文》:「舂，粟也。從廾，持杵臨臼上，午，杵省也。古者雝父初作舂。」朱駿聲《通訓定聲》:「按：『午』，古『杵』字。」按：舂爲杵臼之形，男陰象徵「杵」，女陰象徵「臼」。

孫啓明（三）:《行氣銘》之「舂」字，與「鄴三下四三六」之「[illegible]」字相似。

按：王季星先生等釋「本，即根」，至確。字形分析當以張光裕先生爲是。

中

王季星：中爲古在字，亦猶《盂鼎》之作[illegible]，而《趞卣》之作[illegible]是也。大抵甲文之點畫空其中者，金文往往劃之成實。如丁字甲文作□，而金文作或[illegible]。天字甲文作[illegible]，而金文作[illegible]；在字甲文作中，而金文作[illegible]均是。點畫之有實再變爲空，亦可以觀鏤金藝術變遷之迹。

陳世輝：才即現在的在字。

趙松飛（二）:中（在）。

郭氏早期釋爲「才」，後來釋爲「在」。

此字衆人都釋爲「在」，只有一人釋爲「乎」，眞乃多事。

雖然古文的在、才相通，但現今字義有不同，釋「才」在文理上不通順。應釋「在」爲正。

孫啓明（三）:《行氣銘》之「在」字，與「甲二一四」之「中」字同。

按：當從陳世輝先生說。

上

孫啓明（三）:《行氣銘》之「上」字，與「蔡侯盤」之「上」字相同。

陰

王季星：許書之籀文墬字。此字當起於晚周，最早見《楚辭・天問》「墬何故以南傾」作墮，嗣《淮南子・墬（地）形訓》作墬，均存此義。

陳世輝：墬古地字。

張光裕：當即地字，說文云：

地，元氣初分，輕清昜爲天，重濁侌爲地，萬物所陳列也，從土也聲。墬，籀文地，從阜土，彖聲。玉篇亦收籀文地作「墬」，據此，則「墬」所從之「彖」蓋乃「彖」之訛也。今隸定作「墬」；天其本在上，地其本在下，理所當然矣。

陳邦懷：墬，原篆作墬，即地字的古文，它的寫法與《侯馬盟書》宗盟。委質類盟辭「晉邦之墬」的墬，《中山胤嗣好蚉壺銘》「敬命新墬」的墬，比對可明。

郭沫若：墬古地字。

楊琳：「天其本才（在）上，地其本才（在）下」兩句是在解釋分娩時小孩頭先出來、腳後問世的原因，同時也說明了小孩何以轉胎的道理。「其」陳邦懷以爲相當於「之」，此爲確詁。天的本質是在上在前，頭爲人之天，故其出在先。地的本質是在下在後，足爲人之地，故其出在後。古人在「天人合一」思想的影響下常常將人的生命及生理現象跟天地相比附。《大戴禮記・曾子天圓》：「天之所生上首，地之所生下首。上首之謂圓，下首之謂方。」這是說人頭是由天所生，頭以下部分是由地所生，天圓而地方，所以頭是圓的，身軀及足是方的。《春秋繁露・人副天數》：「唯人獨能偶（應合）天地。人有三百六十節，偶天之數也。形體骨肉，偶地之厚也。……首坌（隆起）而圓，象天容也。」所以人不僅在客觀上要主動地取法天地，順應天地，與天地合一。《素問・陰陽應象大論》：「賢人上配天以養頭，下象地以養足。」馬王堆漢墓簡書《十問》：「君若欲壽，則順察天地之道。天氣月盡月盈，故能長生。地氣歲有寒暑，險易相取（互補），故地久而不腐。君必察天地之請（情）而行之以身。」人既然處處順應天地，那麼頭先出世以應天，足後出世以順地，便是理所當然的了。順序了這一天地之序，這一自然之理，人就能順利誕生，違背了這一根本法則，就會難產，就會死亡，所以下文說：「巡（順）則生，逆則死。」

趙峰：「墬」，原文作墬。《說文》：「地，元氣初分，輕清陽爲天。重濁陰爲地，萬物所陳列也，從土也聲。墬籀文地，從隊。」《玉篇》亦收籀文地作「墬」，今隸定作「墬」，即地字的古文。

孫啓明（三）：《行氣銘》之「地」字，與「舒𡢁盗壺」之「[illegible]」字相似。

按：諸家皆釋「地」，至確。

𢓊

王季星：𢓊字今巡字，從巛得聲，即古順字，與下逆篆爲對文。

陳世輝：巡讀爲順。

張光裕：《荀子・禮論》：「本末相順。」俞樾曰：「順讀爲巡」，《禮記・祭義篇》：「終始相巡」，此云「本末相巡」其義正同。順、巡並從川聲，故得叚用。按：「巡」於廣韻置平聲諄韻，順處去聲稕韻，以聲訓例之，固得互爲通假。《淮南子・兵略訓》：「有逆天之道，師民之賊者，身死族滅。」順天地之道則生。逆天地之道則死，信然哉！

許國經：當楷化作「巡」爲宜。通「循」，義爲順行，遵從。唐玄應《一切經音義》卷一：「循亦巡也。」清朱駿聲《說文通訓定聲・屯部》：「循，假借爲巡。」

郭沫若（二）：巡讀爲順。

趙峰：「巡則生，逆則死」：《荀子・禮論》：「本末相順。」俞樾曰：「順讀爲巡，《禮記，祭義》：『終始相巡』，此云『本末相巡』其義正同。順、巡並從川聲，故得假用。」張光裕日「巡」於《廣韻》置平聲諄韻，「順」處去聲稕韻，以聲訓例之，固得互爲通假。〔註32〕因此，郭沫若認爲「巡讀爲順」是完全正確的。

于省吾：《公羊隱八年專注》：「巡，猶循也。」《左文十一年傳》：「國人弗徇服。」注：循，順也。

趙松飛（二）：𢓊（巡）音 xǔn。

郭氏說：「巡讀爲順」。聞氏、郭氏、陳氏都釋爲「順」，只有於氏釋爲「巡」。

此字明白無誤的是「巡」字，雖然「巡、順」兩字古人有時通用，但字義也有所不同。

巡有周行視察，來往察看，巡行、巡視的意義；還另音 yán，通「沿」，有依次順接的意義，所以「巡」是行炁的關鍵，寓義深奧，不必借用「順」字。

〔註32〕張光裕，玉刀珌銘補說〔A〕，中國文字・第十二卷〔C〕，臺北：國立臺灣大學文學院中國文學系編印，1967～1974：5743～5752。

李戎：「巡則生，逆則死」的「巡」，訓作「順」，「順」在古代也寫作「[illegible]（巡）」。《集韻．稕韻》：「順，古作『巡』。」順應自然的養生觀，很早就已經確立了。

孫啓明（一）：「巡」，順也。《集韻．稕韻》：「順，古作巡。」

「巡」與「逆」爲對文，同屬「辵」部字。可見，「巡」爲「順」之初文。《行氣銘》「巡則生」之「巡」，證實《集韻》「順，古作巡」所訓爲不誤。

孫啓明（三）：《行氣銘》之「巡」字，與「古鉢」之「[illegible]」字相近。

按：諸位先生皆釋「巡」，至確。王季星先生等讀爲「順，與下逆篆爲對文」，可從。

[illegible]

王季星：字小橫，易一爲○，已如上述。與是字相彷者，金文中余得一例證。皺安《周金文存》卷六戈類銘曰「[illegible]」，皺氏記云：「積古阮氏據程易疇摹本編入商戈，命爲『差勿戈』。釋曰：『差勿之戈』。並據《史記》：公劉子慶節，慶節子皇僕，皇僕子差弗，勿弗字通。信如其說，則周之先世也入之周金，固無不可。」又云：「首一字當爲君之變篆。」余按[illegible]字與[illegible]字，文極類肖，應釋爲「生」，〔註 33〕作「之」恐非是。

何琳儀：生，見《韻會》「生，死之對也。」《論語．顏淵》「死生有命。」

孫啓明（三）：《行氣銘》之「生」字，與「頌簋」之「[illegible]」字相同。

按：諸家皆釋「生」，至確。

[illegible]

何琳儀：行氣玉銘、中山王方壺逆，讀屰。見《說文》「屰，不順也。」典籍亦作逆。

孫啓明（三）：《行氣銘》之「逆」字，與「九年衛鼎」之「[illegible]」字相近。

按：諸家皆釋「逆」，至確。

[illegible]

〔註 33〕至不從○從●作[illegible]、[illegible]諸形者，尚有《師害敦》《單伯編鍾》《大敦》《兮甲盤》《叔[illegible]敦》諸器。（並見《金文編》六之七。）

孫啓明（三）:《行氣銘》之「死」字，與「甲一一六五」之「□」字全同，「盂鼎」字作「□」，「毛公鼎寫作「□」。可見，《行氣銘》「死」字之上限在甲骨，下限在盂鼎。

盂鼎，西周初期青銅器，銘文十九行 291 字，記載周康王二十三年策命與賞賜其臣孟之事。另有「小盂鼎」，記述周康王二十五年命盂兩次征伐西北強族鬼方事。康王，武王之孫，西元記年不詳，約西元前 11 世紀。

在以上文字考釋中，所接觸到的背景古文物有：虢季子白盤、齊侯壺、衛盉、頌鼎等商國時的青銅器。銘文考釋中，沒有疑義的有□、□、□、□、□、□、□、□、□、□等字；□、□等字疑義較大。在按語部分，筆者對各家的觀點進行評述，並提出自己的看法，比如舊釋爲「適」的字，我們認爲應該讀爲「撤」，訓爲撤回。銘文中的□等古文奇字，豐富了人們對戰國時期古文字的認識。總之，《行氣玉銘》字數雖少，其文字學價值仍不可忽視。

第三章　《行氣玉銘》銘文通釋

在考釋文字的基礎上，諸家對銘文的定讀和內容的解釋具體如下：

王季星

綜上考釋，略為定讀如次：

行氣（氣）实（完）𠟭[illegible]（畜），[illegible]𠟭神，神𠟭下，下𠟭定，定𠟭固，固𠟭明，明𠟭萇（長），萇則[illegible]（退），[illegible]𠟭天。天，丌（其）杳（本）才（在）上，墜，丌杳才下。[illegible]（順）𠟭生，[illegible]𠟭[illegible]（死）。

如是，而字無不可韻，文無不可通矣。銘文大意，郭氏以為係行氣深呼吸之一回合，並引《莊子・刻意篇》：「吹呴呼吸，吐故納新，熊經鳥申，為壽而已矣。此道引之士，養形之人，彭祖壽考者之所好也。」故其釋文云：

凡運氣吸息要充沛，充沛就有容量，有容量就能延長，能延長就能往下深入，往下深入就鎮定，能鎮定就堅固，堅固就發芽，發芽就成長，成長就往上退，往上退就達到腦頂。天基是安在上邊的，地基是安在下邊的，順著就生，逆著就死。

此意愚實不敢苟同。余按《抱朴子》書中，亦屢言導引胎息之術，較《莊子》所說更詳，〔註1〕然此云行氣，恐非指一事。故郭氏亦自疑以此銘文施諸劍珌，頗覺不甚倫類。〔註2〕余以為此文即施諸劍珌，必與劍有關，此殆所謂形而上之劍氣論也。

〔註 1〕見《抱朴子・交際篇》及別旨。

〔註 2〕郭沫若，行氣銘釋文〔A〕，郭沫若全集・考古編・第十卷〔C〕，北京：科學出版社，1992（10）：171。

考戰國之季，劍客盛行，諸侯國主，多喜擊劍，至有耽之成癖者。壯子說劍篇言：昔趙文王喜劍，劍士夾間，而客三千餘人，日夜相聲於前，死傷者百餘人，好之不厭，如是三年。故其時言劍者，頗喜以形上恍惚之辭說之，前乎此者有奏客薛燭之論劍，薛燭曰：

> 沇沇如芙蓉始生於湖；觀其文如列星之行，觀其光如水之溢塘，觀其文色煥煥如冰將釋，見日之光。(《藝文類聚》卷六十引《吳越春秋》)〔註3〕

又《越絕書》引風鬍子對楚子之問劍云：

> 欲知龍淵，觀其狀如登高山，臨深淵；欲知泰阿，觀其釽巍巍翼翼如流水之波；欲知工布，釽從文起，至脊而止，如珠不可衽，交若流水不絕。(外傳記寶劍)〔註4〕

又如《南林處女》之論劍道云：

> 其道甚微而易，其意甚幽而深。道有門户，亦有陰陽。開門閉户，陰衰陽興。凡乎戰之道：内實精神，外示安儀；見之似好婦，奪之似懼虎；布形候氣，與神俱往。遝之若日，偏如騰兔。追形逐影，光若佛彷，乎吸往來，不及法禁，縱縱逆順，直後不聞。斯道者一人當百，百人當萬。(見吳越春秋句踐陰謀外傳)

《列子・湯問篇》〔註5〕孔周對來丹說劍，益踵事而增華：

> 孔周曰：吾有三劍，唯子所擇，皆不能殺人，且先言其狀：一曰含光，視之不可見，運之不知其有所觸也，泯然無觸際，經物而物不覺。二曰承影，將旦味爽之交，日夕昏明之際，北面而察之，淡淡焉若有物存，若識其狀，其所觸也，竊竊然有聲，經物而物不疾也。三日宵練，方晝則見影而不見光，方夜見光而不見影，其觸物也騞然而過，隨過隨合，覺疾而不血刃焉。〔註6〕

〔註 3〕《藝文類聚》卷六十引《吳越春秋》，與今本《越絕書外傳記寶劍》文頗異，而今本《吳越春秋》不載，疑此二書唐宋以來，爲人互串處甚多。

〔註 4〕《藝文類聚》卷六十引《越絕書》，微有異文，疑《類聚》曾刪節，姑乃從《漢魏叢書》本引。

〔註 5〕《列子》一書之眞僞問題，諸家聚訟紛紜，自唐柳子厚發其端，近人若馬敘倫、岑仲勉及瑞典高本漢（Bernhard Karlgren）均有論列，若本篇所引係傳述晚周人之思想意識，則似可斷言者。

〔註 6〕《藝文類聚》卷六十引《列子》文質而拗，此則文繁而順，知唐宋以來，《列子》書亦數經添潤矣。

後有極度誇耀寶劍之形上威力者，如《越絕書外傳・記寶劍》云：

於是楚王聞之，引泰阿之劍，登城而麾之。三軍破敗，士卒迷惑，流血千里，猛獸歐瞻，江水折揚，晉邦之頭畢白。〔註7〕

更有以劍譬喻政術者，如《莊子・說劍篇》：

天子之劍，以燕溪石城爲鋒，齊岱爲鍔，晉魏爲脊，周宋爲鐔，韓魏爲鋏。包以四夷，裹以四時，繞以渤海，帶以常山，制以五行，論以刑德，開以陰陽，持以春夏，行以秋冬，此劍直之無前，舉之無上，案之無下，運之無旁。上絕浮雲，下絕地紀。此劍一用，匡諸侯，天下服矣，此天子之劍也。

又云：

諸侯之劍，以知勇士爲鋒，以清廉士爲鍔，以賢良士爲脊，以忠勝士爲鐔，以豪傑士爲鋏，此劍直之亦無前，舉之亦無上，案之亦無下，運之亦無旁。上法圓天，以順三光；下法方地，以順四時；中和民意，以安四鄉；此劍一用，如雷霆之震也。四封之內，無不賓服，而聽從君命者矣，此諸侯之劍也。〔註8〕

形上劍氣之論，蓋際斯而極矣。

又考本銘銘文內容，與他鍾鼎盤匜之「作寶蘄眉壽」者迥不相侔，傳世金文中，實絕無而僅有，最足與老莊諸道家言相互發明。夫所謂「行氣完」者，即《莊子・天地篇》「不以物挫志之謂完」之說是已。「神完」或「神全」之說，屢見《莊子》，而以《達生篇》發揮最爲淨盡，《達生篇》云：

夫若是者其天守全，其神無卻，物奚自入焉？夫醉者之墜車，雖疾而不死。骨節與人同，而犯害與人異，其神全也。

同篇復引佝瘻丈人承蜩故事，託孔子言：「用志不分，乃凝於神。」又有「德全」之說，同篇：

紀渚子爲王養鬥雞，十日而問：雞已乎？曰：未也，方虛矯而恃氣？十日又問，曰：未也！猶應嚮景。十日又問，曰未也，猶疾視而盛氣。十日又問，曰：幾希矣！雞雖有鳴者，已無變矣？望之似木雞矣！其德全矣！異雞無敢應者，反走矣！

《老子》五十章云：

〔註 7〕《藝文類聚》卷六十引《越絕書》無「猛獸歐瞻」語。

〔註 8〕《說劍》屬《莊子》外篇，雖非莊周所作，而亦出於戰國人之手。

> 道生之，德畜之。長之，育之；亭之；毒之；養之；覆之；生而不有，爲而不恃，長而不宰；是謂玄德。

曰「生」，曰「畜」，曰「長」，均與此辭義相同。又六十七章云：

> 善爲士者不武，善戰者不怒，善勝敵者不與，善用人者謂之下。是謂不爭之德，是謂配天，古之極。

此足爲「神則下，下則固」以下之注釋，而第九章云：「功遂身退天之道」尤足爲「明則長，長則退，退則天」之注腳。郭云行氣達於腦頂，爲說實覺牽強。而七十三章云：「勇於敢則殺，勇於不敢則活。」七十六章云：「故堅強者死之徒，柔弱者生之徒」，更能表出「順則生，逆則死」之涵義。設依郭氏云係導引行氣之術，則斯二語直不可通矣。又《莊子・說劍篇》云：

> 夫爲劍者：示之以虛，開之以利，後之以發，先之以至。

頗能道出銘辭命意所在。而《刻意篇》云：

> 夫有干越〔註 9〕之劍者，柙而藏之，不敢用也。寶之至也。精神四達並流，無所不極。上際於天，下蟠於地，化育萬物，不可爲象，其名爲同帝。

持此以讀銘辭之思想背景，實昭然若揭，毫髮無隱。凡所謂「神完」，所謂「德全」；曰「生」之，曰「畜」之；曰「爲而不有」，曰「長而不宰」以「下」爲上，以「退」爲進；以「名爭」爲勝，以「不敢」爲勇；眞道家之旨也。是知此器銘文，實乃道家思想與武士精神合流之產物。道家之武士精神，每重在形而上，由形下之兵，漸變爲形上之道，後世所謂飛劍，劍仙者，當從此出矣。

更考本文文例，連用五重文，上下相銜，亦爲金文中僅有之特例。其文式爲「甲則乙，乙則丙，則丁丁則戊……」爲演繹邏輯之推進連鎖式（Progressive Sorites），早期金文及西周典籍，均罕此例，惟晚周諸子之說理文，屢屢見之。今就諸子中求其同類，眞所謂俯拾即是。如《莊子・天道篇》：

> 虛則靜，靜則動，動則得矣。

又《達生篇》：

〔註 9〕「干越」舊本均作「於越」，今從王念孫校《荀子》說改作「干越」。吳越語多互通，越稱「干越」，亦猶吳稱「句吳」或「攻吳」（《攻吳王夫差監》）或「工」，（《者减鐘》）案「句」「攻」「工」「干」，古音同屬見紐，或曰「句」或曰「攻」或曰「干」均一聲之轉。定五年《春秋經》稱「與越入吳」，蓋「干」一誤爲「于」再變而後爲「於」也。

夫欲免爲形者，莫如棄世，棄世則無累，無累則正平，正平則與彼更生；更生則幾。

又《外物篇》：

凡道不欲壅，則哽，哽而不止則跈，跈則眾害生。

又《盜蹠篇》：

何不爲行，無行則不信，不信則不則不任，不任則不利。

《荀子》書中，更多是類文句，《不苟篇》云：

誠心守仁則形，形則神，神則能化矣。

同篇又云：

誠心行義則理，理則明，明則能變矣。

又《王制篇》：

人何以能群曰分，分何以能行曰義。故義以分則和，和則一，一則多力，多力則疆，疆則勝物，故宮室可得而居也。

又云：

故人生不能無舉，舉而無分則爭，爭則亂，亂則離，離則弱，弱則不能勝物，故宮室可得而居也。

《墨子・辭過》云：

是以其民饑寒並至，故爲姦邪，姦邪多則刑罰深，刑罰深則國亂。

《管子・乘馬務市事》〔註10〕亦云：

是故爲貨賤則百利不得，百利不得則百事治，百事治則百用節矣。

又《七法・四傷八匿》云：

輕民處，重民散則地不闢，地不闢則六畜不育，六畜不育則國貧而用不足，國貧而用不足，則兵弱而士不厲，兵弱而士不厲則戰不勝而守不固，戰不勝而守不固則國不安矣。

此乃化簡爲復，連用疊詞六次，上下文仍緊相銜，誠爲本文例中之最生色者。

又《商君書・墾令》云：

民愼而難變則下不非上，中不苦官；下不非上，中不苦官則壯民疾農不變；壯民疾農不變則少民學之不休；少民學之不休則草必墾矣。

又《農戰》云：

民見上利之作壹空出也則作壹，作壹則民不偷營，民不偷營則多力，

〔註10〕《管子》書體例甚雜，不似春秋人語，最晚亦當在戰國之世。

多力則疆。

《韓非子・備內》云：

故曰傜役少則民安，民安則下無重權，下無重權則權勢滅，權勢滅則德在上矣。

亦同屬此例。又《解老》云：

用之思之則不固，不固則無功，無功則生有德。

《孫子・作戰篇》亦云：

近於師者貴賣，貴賣則百姓財竭，財竭則急於丘役。

又《行軍篇》：

卒未親附而罰之則不服，不服則難用也。

《論語・中庸》，自漢以來，雖被以經典之名，揆其文體，仍當與諸子同科。

《論語・子路篇》云：

名不正則言不順，言不順則事不成，事不成則禮樂不興，禮樂不興則罰不中，刑罰不中則民無所措手足。

《中庸》云：

其次致曲，曲能有誠，誠則形，形則著，著則明，明則動，動則變，變則化。

試以此節文句與銘辭並讀，二者之間，何其酷似之甚？同書又云：

至誠無息，不息則久，久則徵，徵則悠遠，悠遠則博厚，博厚則高明。

形貌精神，殆亦有相應者。〔註 11〕後有用其邏輯形式，上下文相銜處，稍易其文字者，如《尹文子・大道上》：

勢用則反權，權用則反術，術用則反法，法用則反道，道用則無為而自治。

至如《老子・十六章》云：

知常容，容乃公，公乃王，王乃天，天乃道。

《二十五章》云：

人法地，地法天，天法道，道法自然。

《四十二章》云：

道生一，一生二，二生三，三生萬物，萬物負陰而抱陽，沖氣以為

〔註 11〕余嘗疑《中庸》非純粹儒者之學，雜有道家思想，與此銘並讀後，亦增前惑。

和。

及《呂氏春秋・仲春紀・論人》云：

物動則萌，萌而生，生而長，長而大，大而成，成乃衰，衰乃殺，殺乃藏，圓道也。

其推理形式仍同，惟於聯詞少加變化耳。又如《大學・首章》云：

知止而後有定，定而後能靜，靜而後能安，安而後能慮，慮而後能得。又云：

物格而後知至，知至而後意誠，意誠而後心正，心正而後身修，身修而後家齊，家齊而後國治，國治而後天下平。

亦此一文例之流變。蓋諸子之义，本以說理爲宗，而推進連鎖之論式，最宜作深入之說理，故人率多採用之也。

「珌」字《說文》玉部云：「佩刀下飾，天子以玉。」《玉篇》引古文作韠。〔註 12〕其字左文從玉，當即黃氏僞玉器圖之所由本。珌之義，郭氏以意逆之，云古人以爲「鐔」，今人以爲「劍格」，即劍於劍身相合處之玉飾。〔註 13〕並謂其空間甚小，無隙可容此四十五字銘文，並懷疑此器名稱之確否，殆想由未暇深考之故。原上古戈劍，因諸侯之厚葬，多寢而埋之，（見《墨子節葬》）漢時其制已不能明。以劍制言：後人因鄭司農注《考工記》「桃氏爲劍」，碎義紛煩，遂纏縛莫解。至乾隆時歙人程瑤田始以實驗方法考古，《桃氏爲劍考》文出，二千餘年之難案始大白。郭以「鐔」爲「劍格」，殆仍因前人僞說。程氏云：「劍首名『鐔』，鐔之言『蕈』也，蓋所以取其於於然似『蕈』之形。（見程瑤田《通藝録・考工創物小記・桃氏爲劍考》）其說明而有據，足袪群惑。若郭氏所云之「劍格」，當依《考工記》名之爲「後」，〔註 14〕百不當以鐔名之也。

陳世輝

光明日報 10 月 7 日第 4 版刊登了華君武同志一幅題爲「氣功」的漫畫，看來大概是諷刺那些接受這種療法，而進行時卻又在思想和行動上開小差的

〔註 12〕韠字諸家《說文》所不載，惟段氏據《玉篇》引古文增補，《藝文類聚・卷六十》引《字林》作瑼，疑即韠字，因形近而僞。

〔註 13〕見郭書六二九頁，窺郭氏之意，殆亦以爲是玉器。

〔註 14〕程瑤田《桃氏爲劍考》云：「『後』之言『緱』也，以繩纏之謂之『緱』。『緱』之言『喉』也。當『莖』之中，設之以容指，而因以名其所纏之繩。」其說至洽。

人。由此我聯想起與氣功療法有關的另外一件事，這是一篇古玉的銘文。這篇銘文記述了我國作氣功最早的理論，和祖國醫學附麗於陰陽五行有異曲同工之妙，是研究氣功療法一項可貴的資料。原物係解放前出土，現在已不知去向，今天能看到的衹是銘文拓片。有人說這是玉佩，也有人說這是刀珌（《說文》訓珌為「佩刀下飾」），實際是什麼樣子無從得知，這裡姑且叫它「玉飾」。這玉飾上的銘刻，計有十二面，每面不算重文的符號，都是三個字，全銘連重文在內共四十五字。根據字體可以斷定，這是戰國時代的東西。這裡讓我把郭老的釋文錄出：

> 行氣，宎則適，適則神，神則下，下則定，定則固，固則明，明則䠇，䠇則退，退則天，逆則死。〔註15〕

……據上面的一些解釋，全銘可以翻譯成這樣：

> 運氣，要安穩才能通暢，通暢才能延續，延續才能深入，深入才能到底，到底才能鞏固，鞏固才能發芽，發芽才能成長，成長才能往上走，往上走才能進到頭頂。（頭頂好比天基）天基是按在上邊的，地基是打在下邊的。順著就可生存，逆著就會死亡。

這裡所說的運氣，古時也稱為吐納，就是指作氣功。內經，大率是戰國時人託名黃帝的著作，那裡就有用導引吐納醫治疾病的記載。《莊子・刻意篇》更說：「吹呴呼吸，吐故納新，熊經鳥伸，為壽而已矣。此道（導）引之士，養形之人，彭祖壽考者之所好也。」可見氣功乃是我國古代人民祛病養生的一種方法。不過，在先秦的文字裏談及氣功理論的，這篇玉銘恐怕是獨一無二了。玉銘所述，大致可以分為兩個方面：一是運氣的要領和功能，另一是理論根據。首先指出了運氣要寧靜安穩地進行，這樣才會使運氣流通舒暢，然後才能深入到底。「底」應當就是指後世養生家所謂的「丹田」。繼之說明，只有深入到底，才能發芽成長，回轉到頭頂，發生好的效應。當時人們雖然不知道人體的主宰是頭頂上的大腦，但是他們卻懂得，靠著氣的上下周流可以收集養生的功效。他們所依據的是：「天基椿在上，地基椿在下。巡則生，逆則死。」把人體的上下部，即頭頂和內臟，和自然界比附起來，認為人體和天地一樣，有固定的位置，不可變亂，運氣就是要順乎這種固有的形式，把上下部溝通起來，這便是生存的妙訣。反之，就要遭到死亡。不妨還舉出

〔註15〕郭沫若，行氣銘釋文〔A〕，郭沫若全集・考古編・第十卷〔C〕，北京：科學出版社，1992（10）：167～171。

《呂氏春秋》中的一節話，來再證明一下當時人所存在的這種觀念。《呂氏春秋》，據郭老的考證是成書於秦始皇八年（西元前238年）〔註16〕去戰國爲時不遠，我們盡可以利用。《序意篇》說：「所以知壽夭去凶也，上揆之天，下驗之地，中審之人。若此則是非、可不可無所遁矣。天曰順，順維生。地曰固，固維寧。」這和玉銘不僅論調一致，而且遣詞造句也多雷同，「順維生」不就是「巡則生」嗎。在作氣功的理論上，把人體和天地聯繫起來；都是祖國古典醫學的特色。據玉銘看來，戰國時已經有了這樣完密的氣功理論，可知這種方法的出現一定更會早的很多。

張光裕

玉刀珌銘文，歷來諸家少作考釋，迄今所見惟於、郭兩家而已。于省吾《雙劍誃吉金文選》著錄刀珌銘，隸定作：

> 行氣（氣），宎（天）則適（畜），適則神，神則下，下則定，定則固，固則明，明則張（長）、張則退（退），退則天，天，其杳（舂）在上，墜（地），其杳在下，巡則生、逆則死。

並加注釋云：

> 老子曰：生之畜之，生而不有。詩節南山箋：畜、養也。蓋行氣之道歸諸自然，則須涵養有素，不物於物，故曰天則畜。能畜則眇遠不測，故曰畜則神。老子曰：高必以下爲基。故曰神則下，老子曰：重爲輕根，靜爲躁君。所謂本能制末，靜者御物，躁者御於物，故曰下則定。傳曰：知止而後有定、定而後能靜、靜而後能安。老子曰：致虛極，守靜篤。故曰定則固。老子曰：用其光，復歸其明。故曰固則明。廣雅釋詁；長，常也。老子曰：知常曰明。故曰明則長。老子曰：功成名遂、身退、天之道。王輔嗣曰：四時更運，功成則移。故曰長則退，退則天。蓋行氣之道，本諸自然，故以天則畜起，中間經過多少甘苦程式而復反於自然。故曰退則天。舂通盅，說文：盅，器虛也。老子：道盅而用之。字亦以沖爲之。天地之道，以有爲體，以無爲用。老子曰：三十幅共一轂，當其無有車之用。此以天地譬人身之上下，故曰，天其舂在上，地其舂在下。公羊隱八年傳注：巡，猶循也。左文十一年傳：國人費徇。服注：循，順

〔註16〕郭沫若《十批判書》「呂不韋與秦王政的批判」。

也。順天地之道則生，逆天地之道則死。故曰巡則生，逆則死。通體祇四十五字，而子部精義涵括於內，習技而兼以論道之語，蓋藝進於道，所謂神乎技矣。

復有眉批云：

吳北江先生曰：此決爲晚周兵學家言，非漢人所能及。文格往復縈洄，妙諦環生。

末四語用變排作結，樸茂斬峻，說理之文如此簡峭，方不庸腐。

郭氏行氣銘釋文則以該銘所敘爲深呼吸之一回合作解，其釋文與於氏同。而語釋之曰：

凡連氣，吸息要充沛，充沛就有容量，有容量就能延長，能延長就能往下深入，往下深入就鎮定，鎮定就堅固，堅固就發芽，發芽就成長，成長就往上退，往上退就達到腦頂。天基是安在上邊的，地基是安在下邊的，順著就生，逆著就死。

並引《莊子・刻意篇》作注腳云：

「吹呴呼吸，吐故納新，熊經鳥伸，爲詩而已矣。此道引之士，養形之人，彭祖壽考者之所好也。」足見戰國時正有此類人士刻意行氣，以請求衛生。

釋文末段結論云：

然行氣之術銘於「劍珌」，頗覺不甚倫類。珌者，說文以爲「佩刀下飾」。經余考證。知即劍柄與劍身相接處（古人以爲「鐔」，今人以爲「劍格」）之玉飾（見《金文叢考》一六九頁），無隙可容四十飾字之長銘，是則原物是否爲「劍珌」實屬疑問。

總觀上引諸家釋辭，於氏用老子語釋之，於氏用老子語釋之，於道理上頗入意矣。吳北江以爲兵學家言者，似亦獨有所見。然銘中即陰陽五行觀念，道家意味寶重，斷爲兵家語者，固宜有待商確也。郭氏離別出新意，以人之深呼吸一回合作解，然仍不離道家之言。要之，欲求本銘之確解，宜參諸於、吳、郭三氏之語，自行深思體會，毋須拘於一家之成說也。蓋類似道家之言，本無確切證據，況原物究爲玉佩抑劍珌猶未有確論乎？茲據三代吉金文存拓銘，就於、郭二氏考釋所未畫及其司商者，補釋如次：

玉刀珌銘釋文：

行**氖**（氣），**宊**（軍）則**適**，**適**則神（伸），神則下，下則定，定則固，固則明，明則㠯（長），㠯則𢓍（退），𢓍則天。天亓（其）杳（本）在上，墬（地）亓杳（本）在下；巡（順）則生，逆則死。」

毛　良

郭氏稱《行氣玉佩銘》中的行氣是古人所說的道引；沈氏則另稱該銘文是中國和世界上現存最早的一篇體育療法專著，這種提法是否全面，需作討論。

「道引」是古代道家所提倡的一種養生方法，該「道」字係老子與莊子等所推崇的「道」。道引包括有兩個主要內容：一是有意識的呼吸運動，即「吹…」的行氣（又曰食氣、調氣、吐納等）一是有意識的肢體運動，即「熊經鳥申」的導引。行氣與導引各有其側重的內容，又往往聯合在一起進行，這種道引，才是古代延年卻病的體育療法，可見《行氣玉佩銘》中的行氣，不能代替「道引」或「導引」，它和「體育療法」還有一定不同。馬王堆漢墓出土帛書的「導引圖」，圖中明顯地看到有導引和行氣的兩個內容，稱其「導引圖」可能更爲適當。

肢體運動的導引，是人體作偃仰伸屈等活動，以動搖筋骨關節，《三國志・華佗傳》載：「人體欲得勞動，但不當使極爾，動搖則穀氣得消，血脈流通，病不得生，譬猶戶樞不朽是也。是以古之仙者爲導引之事，雄經鴟顧，引挽腰體，動諸關節，以求難老。吾有一術，名五禽之戲。」《太素・附篇》楊上善注：「導引，謂熊經鳥伸，五禽戲等」。《素問・異法方宜論》王冰注：「導引，謂搖筋骨，動關節」。雖然導引時，必伴有自然的呼吸或行氣；同樣行氣時，也伴作簡單的肢體動作或「導引」。但是行氣和導引仍是兩種不同的養生法或治療方法；如《論衡・道虛篇》說：「食氣者必謂吹……。……人之導引動搖形體者。」《靈樞・病傳篇》說：「黃帝曰：余受九針於夫子，而私覽於諸方，或有導引、行氣、喬摩、灸、熨、刺、爇、飲藥之一者，可獨守耶，將盡行之乎？」《太素・官能篇》楊上善注：「導引則筋骨易柔，行氣則其氣易和也。」《抱朴子內篇・微旨篇》說：「明吐納之道者，則曰唯導引可以難老。」上述文獻都說明了行氣和導引是不同的。

銘文中的行氣是「深呼吸」，深呼吸就是行氣者有意識地控制呼吸運動，其要求做到：吸氣深長，中間作片刻的閉氣定息，然後呼氣。行氣不完全同於人的自然呼吸，所以《行氣玉佩銘》是古代中醫以行氣養生的最早文獻。

以後晉代《抱朴子內篇・釋滯篇》所載的行氣，正是根據《行氣玉佩銘》的精神發展而來。人的呼吸，古人也有稱爲「行氣」的。如《抱朴子內篇・至理篇》說：「夫人在氣中，氣在人中，自天地至於萬物，無不須氣以生者也。善行氣者，內以養身，外以卻惡，然百姓日用而不知」的行氣，即人體不停的呼吸了。

呼吸對於生命的重要性，在於人體從吸氣中攝取天之精氣，該精氣又和水穀之氣—地氣相和合，形成人的「眞炁」而生命不息。《行氣玉佩銘》中「天幾舂在上，地幾舂在下」二句，正是反映著上述內容，表達了古人對於天地和氣，人以爲生的看法。《素問・寶命全形論》說：「人生於地，懸命於天，天地合氣，命之曰人。」天幾、地幾的「幾」字，可作「氣」字解，或者作視之不見的變化與運動。如唐司馬承禎《服氣精義論》說：「夫氣者，道之幾微也，幾而動之，微而用之，及生一焉。」「幾」字又可作「機」字解，如《列子・天瑞篇》說：「萬物皆出於幾，皆入於機」；晉・張湛注：「機者，群之有始，動之所宗，故出無入有，散有反無，靡不由之也。」「舂」是舂穀的舂字，它有上下陞降不斷運動的意義；舂又可作沖及撞字解。對「幾」字和「舂」字進行解釋後，本文又參閱了古代有關文獻。《素問・六微旨大論》說：「氣交之分，人氣從之。……氣之陞降，天地之更用也。……升已而已降，降者謂天；降已而升，升者謂地；天氣下降，氣流於地；地氣上陞，氣騰於天。故高下相召，陞降相因，而變作矣。」《論衡・自然篇》說：「夫天覆於上，地偃於下，下氣烝上，上氣降下，萬物自生其中矣。」《素問・本病論》說：「氣交有變，是爲天地機。」因此本文把銘文的「天幾舂在上，地幾舂在下」二句，解釋爲「在上之天幾（氣）朝下降，在下的地幾（氣）朝上陞」；這是說明人體內外，天地二氣的出入，陞降和相交，是行氣——呼吸的重要生化過程。銘文的最後二句，「順則生，逆則死」，這是說明「順此行氣則生，逆之則死」。

行氣——呼吸時，吸入的氣是天氣—空氣，又「天氣入於肺」。但是呼出的是什麼氣呢？據《論衡・書虛篇》說：百川的「朝夕往來，猶人之呼吸氣出入也」；《太素・五邪刺篇》楊上善注：「肺之清氣積於海者，走於息道，以爲呼吸也」。那麼，呼氣與吸氣同爲天氣或者清氣了。呼吸則在於「吐故納新」。呼氣出自人體，富有熱氣和水氣（汽），當不同於原來吸入的天氣，該是天地合氣或者就是人氣了。在《內經》一書中，則稱呼吸的氣是「大氣」、「宗氣」

或天地之「精氣」；關於「宗氣」古人還認爲它是推進血液的動力。又從《行氣玉佩銘》中「天幾舂在上，地幾舂在下」二句來分析，呼出的氣應是地氣，這和古人把天地合氣—陰陽和氣視爲地氣的看法是相一致的。如《素問・陰陽應象大論》王冰注：「陽爲天，降精氣以施化；陰爲地，布和氣以成形。」《太素・藏府之一篇》說：「天之在我者德也，地之在我者氣也」；楊上善注：「陰陽和氣，質成我身者，地之道也。」

認爲吸入的氣是清氣，呼出的氣是濁氣，這是古人對於呼吸功能的深入觀察，然後得此正確推論，這個推論可能來自血的清濁或神志的清醒和呼吸有關的事實；或根據屈原的《遠遊篇》所說有關「食氣」內容：「餐六氣而飲沆瀣兮，漱正陽而含朝霞。保神明之清澄兮，精氣入而粗穢除」而來。「呼出濁氣」的記載，始見於晉・許遜所述的《靈劍子・服氣第三》中，「微微鼻吸清氣咽之，口吐濁氣微微出之。」唐・孫思藐《千金方・卷二十七》也說到「口吐濁氣，鼻引清氣」。「呼出濁氣」的看法，自晉代以來，被歷代氣功家所重視。但是《行氣玉佩銘》的作者是否有「呼出濁氣」的看法，在銘文的內容中還不能看出來。

從本文對於《行氣玉佩銘》內容的討論來看，郭氏的釋文要比後來的沈氏釋文來得眞切，但是郭氏把銘文最後四句釋成：「這樣，天機便朝上動，地機便朝下動。順此行則生，逆此行則死。」釋得尙不夠確切。因爲天機朝上動而地機朝下動後，則上面的天氣和下面的地氣就不能相交，人就得不到天地合氣而生了。

沈氏的釋文說是意釋，但它的內容和原文卻頗多出入。釋者是用了後來的中醫理論，去代替古代銘文的樸素看法。例如沈的釋文中就提到了「宗氣內伸」、「精氣自固」、「濁氣萌生」、及「神氣貫頂」等，這些提法是否割斷了行氣——呼吸的完整過程呢？可使讀者容易發生誤解，認爲在呼吸的功能中，「宗氣內伸」，「精氣自固」是和吸氣有關，而「濁氣萌生」，「神氣貫頂」是和呼氣有關。沈氏銘文最後四句釋成：「站樁的天機（頭部）須直豎在上，站樁的地機（兩足）須植根在下，氣順則生息榮盛，氣逆則枯衰死亡」；釋得頗有疑問。釋者把「天幾」釋成頭，「地幾」釋成「足」，「舂」釋成行氣的方式——「站樁」，皆根據不足。固然，古人有「頭天足地」的說法，但是說「天幾（機）是頭，地幾（機）是足」的古代文獻，筆者卻未查到，「舂」字可作樁、樁解，但釋者爲何一定要把它釋成「站樁」呢？人坐著或躺著都可以「行氣」，在習慣上，這些站著、坐著或躺著的人，都應該說他們是「上頭下足」的。按本文所說，「天幾舂在上，地幾舂在下」二句，是行氣——呼吸的重要理論，而不是行氣的方式方法；又按陰陽學說的行氣理論來說，天地二氣的陞降出入，就是《行氣玉佩銘》的光輝理論：吸氣來自天氣，它入於身體而伸下，人固攝其中精氣；然後，呼出地氣，它長而退出，騰入於天空。

最後本文仍以郭氏的基本精神，並稍加修正，把《行氣玉佩銘》解釋如下：「行氣。吸氣深則多其量，使它往下伸，往下伸則定而固；然後呼氣，如草木之萌芽，往上長，與深入時經路相反而退進，退則氣騰於天。在上之天幾（氣）朝下降，在下之地幾（氣）朝上陞。順此行氣則生，逆之則死」。

沈　壽

行氣，一名吐納，又有呼吸、呴吹、專氣、食氣、呑氣、咽氣、養氣、練氣、調氣等等異名。其中法或小異，然而都屬行氣範圍，這一點是毫無疑義的。「氣功」一詞出現稍晚，實即「行氣之功」的意思，當今的氣功療法和武術氣功，都是從古代行氣演化發展而來的。

我國現存的出土文物中，有一篇祖國氣功學史上最古老的和具有重要研究價值的氣功專著，那就是鐫刻在一個呈十二面體角柱形玉佩上的《行氣玉佩銘》。據考古學家考證認爲：這當是戰國前期，約西元前 380 年前後的作品。換句話說，這一作品距今至少已有兩千三百多年的歷史了。然而文章的產生還可能遠較工藝品的鐫刻爲早，所以，也不排除其成文的歷史遠在兩千四百多年以前的春秋時期。這自然也是中國和世界上最早的一篇體育療法專著。

這篇銘文鐫刻在十二面體的玉佩上，每面有篆文三字，有九字重文，共四十五個字。銘文拓片見《三代吉金文存》第二十卷，第 49 頁。據說原件珍藏於天津博物館。郭沫若同志生前曾在《古文字之辯證的發展》一文中，對《行氣玉佩銘》作了釋文和銓解，（見《考古》1972 年第 3 期；並見於郭沫若《奴隸制時代》一書，1973 年版，第 262 頁）其釋文爲：

> 行氣，深則蓄，蓄則伸，伸則下，下則定；定則固，固則萌，萌則長，長則退，退則天。天幾舂在上，地幾舂在下。順則生，逆則死。

筆者曾在此基礎上作了進一步的研究，撰寫了《「行氣玉佩銘」今譯與研究》一文（見《中華醫學雜誌》1980 年第 2 期，第 112～114 頁），譯其詩意爲：

> 凡運氣，納氣深長則蓄氣充盈，蓄氣充盈則宗氣內伸，宗氣內伸則

氣能下行，氣既下行則閉氣定息；閉氣定息則精氣自固，精氣自固則濁氣萌生，濁氣既萌則由漸而盛，由漸而盛則綿綿呵退，綿綿呵退則神氣貫頂。站樁的天機（頭部）須直豎在上，站樁的地機（兩足）須植根在下。氣順則生息榮盛，氣逆則枯衰死亡。

以上銘文的體裁屬於先秦時代的三言詩歌，所講的是站樁行氣時，氣在人體內運轉的一個全過程（包括外呼吸和內呼吸在內），同時也約略地談到了行氣的方法及其作用。其大意是說，在練氣功的時候，由鼻吸入的清氣深長，那彙蓄到胸口膻中穴的宗氣才能充分，宗氣充分方能在體內向下舒伸，使氣下行並沈於丹田，當氣沈丹田時，就微微閉氣定息，即把氣略存一存，從而使精氣能自然彙聚固集。但在這一氣化過程中，同時萌生了濁氣，濁氣隨心脈輸送回歸於肺，再徐徐地呵出體外；而將積餘的精氣儲藏於命門，以備人體各部不時之需。當濁氣一經呵退，那精氣就相對地顯示旺盛活躍。又由於人的神氣是因精氣的充養而決定其盛衰的，因此，在濁氣呵退和精氣趨向旺盛時，神氣也就自然貫向頭頂。

這是用祖國古代醫學經典著作《黃帝內經》等所記述的醫理，來解釋銘文前面九句所講的吐故納新的一個全過程。它與兩千餘年來流傳至今不衰的許多氣功學派，在方法上都有著明晰的淵源關係。例如：清初的著名醫學家汪昂（1615～1694 以後）《勿藥元詮》所輯《一秤金訣》:「隨於鼻中吸清氣一口，以意目力同津送至臍下丹田，略存一存，謂之一吸。隨將下部輕輕如忍便狀，以意目力從尾閭提起，上夾脊、雙關，透玉枕，入泥丸（腦宮），謂之一呼。周而復始，久行精神強旺，百病不生。」這就是現在依然極爲流行的「小周天」氣功療法，若與上引銘文合璧對照，如出一轍。大體上說，可以將深、蓄、伸、下、定等五字歸屬於一吸；而把固、萌長、退、天等五字歸屬於一呼。特別是《一秤金訣》所說的「略存一存」，與銘文所說的「下則定」，兩者切合，而其內氣在任、督兩脈中的循行線路也是相互一致的。而《勿藥元詮》所輯別有「小周天」法，是一種結合閉氣的功夫，採用「撮、抵、閉、吸」等「四字訣」，即：

撮，撮提谷道，　　　抵，舌抵上齶，
閉，目閉上視，　　　吸，鼻吸莫呼。

具體方法是：吸氣後，氣「從任脈撮過谷道，到尾閭；以意運送，徐徐上夾脊中關；漸漸速些，閉目上視，鼻吸莫呼，撞過玉枕（頸後骨），將目往前一忍，直轉崑崙（頭頂），倒下鵲橋（舌也），分津送下重樓，入離宮（心也），而至氣海（坎宮，丹田），略定一定，復用前法，連用三次。」這較《一秤金訣》略爲複雜一些，但除了結合閉氣以外，其內氣在任、督兩脈中的循行線路依然是相同的，不難看出，上述三者的淵源關係是一脈相承的。上面引文中帶括弧的是汪昂原注，「頸後骨」實指腦後骨。谷道，即腸道，而這裡是專指肛門（即腸道下口）。由於原文應用醫學和道家的術語較多，今用圖例來表示上述吐故納新過程中的循行路線，自能使人一目了然。

關於「天幾舂在上，地幾舂在下」句「幾」字可通釋爲「機」。古人認爲，人體的天機在頭部，地機在兩足。因此，站樁行氣時，人體就應該像擎天柱一樣，姿勢挺拔，氣勢下沈，頭部不可下墜，兩足務須踏實，宛如頂天立地的玉柱，以應天地之氣。這樣也有利於內氣的上下運轉，達到無微不至的地步。而銘文恰好鐫刻在角柱形的玉佩上，若其原意就是爲了以「擎天玉柱」來象徵站樁行氣，那倒是別具一番匠心的哩！舂，或即「樁」（椿）字的古寫；但也有可能以古代舂杵勞作運動的形象，來借喻站樁時內氣的上下運轉。

關於「順則生，逆則死」句，這是歷代醫家的常用語，如《華氏中藏經・人法於天地論》說：「天合於人，人法於天，見天地逆從，則知人衰盛。人有百病，病有百候，皆天地陰陽逆從而生」。從，即順也。同書《生成論》說：「五臟五行，相生相成，晝夜流轉，無有始終，從之則去，逆之則凶。天地陰陽，五行之道，中含於人。人得者，可以出陰陽之數，奪天地之機，悅五行之要。」同書《寒熱論》又說：「逆順之法，從於天地，本於陰陽。……從者生，逆者死。」以上所說，與銘文完全相合，而「奪天地之機」句，與天地、地機也有一定關連。而銘文著重是指氣的順逆，氣順則精充、神旺，這正是人體生機勃勃、欣欣向榮的徵象；氣逆則精衰、神虧，那就是人體趨向衰敗死亡的徵象。這裡既說明氣功能促進人體氣順、精充、神旺，同時也含有強調練氣功必須取法於自然，以及必須適應天地陰陽、大自然季節和外界環境變化等要求的意思。

總之，這一篇言簡意賅的《行氣玉佩銘》，對於研究中華民族獨特的氣功療法和武術氣功的淵源及其繼承發展關係，都有很高的歷史價值和研究價值。它特別表現出來先秦時代氣功的質樸淳實而不尚煩瑣的特點，這對於今天的各個氣功學派來說，仍有一定的指導意義和借鑒作用，所以是值得大家作進一步深入研究的。

陳邦懷

全銘共十四句四十五字，釋讀如下：

行氖（氣），宎（呑）則適，適則神（伸），神則下，下則定，定則固，固則明（萌），明則㞷（長），㞷則遉（復），遉則天。天丌（其）沯（本）才（在）上，墬（地）丌沯才下。巡（順）則生，逆則死。

這篇銘文，從它的結構來看可以分爲兩節，上節十句，下節四句。

上節十句說的是吸氣與呼氣的過程，整個過程正好是呼吸的一個回合。「呑則遹，遹則伸，伸則下，下則定」，是說口吸進氣後自上而下逐漸運行至腹下，這是吸氣。「固則萌，萌則長，長則復，復則天」，是說行至腹下的氣自下而上逐漸返還到頭頂，這是呼吸。「定則固」，則是呼吸與呼氣過程中的轉折。這幾句的句子結構與《莊子人間世》「雜則多，多則擾，擾則憂」，馬王堆帛書《經法・論》「靜則平，平則寧，寧則素，素則精，精則神」是一樣的。這一節用的是單行的筆法，一氣呵成，就像玉連環銜接不斷。

下節四句兩兩相對。前兩句說的是天與地之本，實際說的是吸氣與呼氣的要點：吸氣要行至腹下，呼氣要行至頭頂。這兩句也是承上文「伸則下」和「復則天」而說的。後兩句說的是行氣順逆不能搞錯，二者有生死之別，告誡後來學者不可違背行氣之道。前兩句的結構上面已經說過，與《孟子・離婁》、馬王堆帛書《經法・君正》相同。後兩句與《莊子・盜蹠》「順吾意則生，逆吾意則死」的結構相近似，意思相彷彿。這一節用的是排偶的筆法，而每兩句都是說正、反兩面，和前一節的寫法完全不同。

再次談韻讀。

這篇銘文不是散文，而是韻文。爲了敍述方便先抄全文加以標注，然後略明。

性氣（脂部）※，呑則遹○（幽部），遹則伸◎（眞部），伸則下○（魚部），下則定◎（耕部），定則固○（魚部），固則萌◎（陽部），萌則長◎（陽部），長則復○（幽部），復則天◎（眞部），天其本在上◎（陽部），地其本在下○（魚部），順則生◎（耕部），逆則死※（脂部）。

銘文中的韻腳分別以※、○、◎三種符號標出後，不難看出，氣與死是首尾遙協爲韻，中間的十二句是以標○的一類字與標◎的一類字穿插交錯爲韻。首尾遙協爲韻，《詩經》裏有不少例子，周代銅器銘文中也能見到。標○

的一類字有三個魚部字，兩個幽部字，我把這五個字看作是通押的。馬王堆帛書《相馬經》:「而比離之臺（似）簀◎（陽部），若合若復○（幽部）。伯樂所相◎（陽部），君子之馬○（魚部）。陰陽中繩◎（陽部），曲直中矩○（魚部）。」就是以幽部的復字與魚部的馬、矩通押。標◎的一類字有三個陽部字，兩個耕部字，兩個眞部字，我把這七個字看作是通押的。馬王堆帛書《相馬經》:「昭乎冥◎（耕部）乎，駿□□強◎（陽部）。」「雍塞苟當◎（陽部），燭其明◎（陽部）。下受繩◎（陽部），上正方◎（陽部），睫薄薄天◎（眞部），駿是當◎（陽部）。」是以耕部冥字、眞部天字，與陽部字通押。眞、耕、陽通押的例子在《詩經》裏也可找到。

聞一多

……但是最好的輕身劑恐怕還是氣——本質輕浮的氣。並且據說萬物皆待氣以生存，如果萬物可以使人身輕，與其食藥物，何如食藥物所待以生存的氣，豈不更爲直捷，更爲精要？所以在神仙方術中，行氣派實是服食派進一步的發展。觀他們屢言「食氣」，可見氣在他們心目中，本是食糧的代替品，甚至即食糧本身。氣的含義在古時甚廣，除了今語所謂空氣之外，還包括比空氣具體些的幾種物質。以前本有六氣的說法——陰、陽、風、雨、晦、明，現在他們又加以整齊化、神秘化、而排列爲這樣的方式：

春食朝霞，朝霞者，日始欲出赤黃氣也。秋食淪陰，淪陰者，日沒以後赤黃氣也。冬飲沆瀣，沆瀣者，北方夜半氣也。夏食正陽，正陽者，南方日中氣也。並天地玄黃之氣，是爲六氣也。(《楚辭》遠遊注引《陵陽子明經》)

玄與黃是近天與近地的空氣，正陽即日光，依他們的說法可稱光氣，沆瀣即露水，可稱水氣，朝霞淪陰即早晚的雲霞，是水氣與光氣的混合物。先秦人對於氣是否有這樣整齊的分類，雖是疑問，但他們所食的氣，總不外這幾種。

食氣的方法，就是在如上面指定的時刻，對著太陽或天空行深呼吸，以「吐故納新」，同時身體還作著「熊經鳥伸，鳧浴蝯躩，鴟視虎顧」等等姿態的活動，以助呼吸的運用。用術語說，這種呼吸謂之「行氣」，活動謂之「導引」。行氣後來又稱「胎息」，實是一種特殊的呼吸方法的名稱。導引不但是輔導氣流的運轉，還可以訓練肢體，使之輕靈矯捷，以便於迎風自舉。這後一種目的，大概後來又産生了一種專門技術，謂之「乘蹻」。胎息與乘蹻發展

（毋寧是墮落）到某種神秘階段，都變成了魔術，於是又和原始的巫術合流了。以上是導引派及其流變。

新氣既經納入，還要設法固守，不使它泄散。《玉珌銘》曾發揮過這派守氣的理論：

> 行**氖**（氣），**宎**（居）則**適**，**適**則神，神則下，下則定，定則固，固則明，明則**萇**，**萇**則**復**（優），**復**則天。天丌（其）**沓**才（在）上，墜（地）丌**沓**在下，巡（順）則生，逆則死。

大約是在守氣論成立以後，行氣派又演出一條最畸形的支流。上文說過氣有水氣，水可稱氣，則人之精液也是氣了，這樣貌戲式的推論下來，便產生了房中派的「還精補腦」的方術。原來由行氣到房中，正如由服食到行氣一般，是一貫的發展。

王　璧

衆所週知，這一玉器首先引起學者重視的是它精巧的銘文〔見附錄二圖三〕。銘文中除八個重文符號外，在十二面體上，每面刻有篆文三字。因在第七行首字下尚遺漏一重文符號，固總計四十五字。過去不少學者對這些銘文進行了通釋。除黃濬在三十年代末著《古玉圖錄初集》中，將「順則生」一片列爲首片外，其餘諸家均將「行氣」片做爲首片。目前，一般的釋法，除個別字外，大體各家相似。現僅依郭沫若同志的意見，將釋文轉錄於下：

> 行氣，深則蓄，蓄則伸，伸則下，下則定，定則固，固則萌，萌則長，長則退，退則天。天其舂在上，地其舂在下，順則生，逆則死。

〔註 17〕

依照釋文，「行氣」開始必須從口吸入，氣自上而下至於腹部。「下」即腹部。這是指吸氣。然後，從「定則固」句始，則是講氣從腹部，由下而上，逐漸返還，直至頭頂部，也就是「退則天」，這是描述呼氣。至此，完成了呼吸的全過程。下面幾句則是強調吸氣和呼氣的要點，著重指出，吸氣一定要到底即腹部；呼氣則一定要達頂即頭部，同時不能搞錯了行氣的順序，因爲這是關乎生死的重要問題，即所謂「順則生，逆則死」的意思。這短短的四十五個字，概謂言簡意賅，不失爲一篇難得的古文佳作。

〔註 17〕郭沫若，古代文字之辯證的發展〔A〕，郭沫若全集・考古編・第十卷〔C〕，北京：科學出版社，1992（10）：94-95。

關於這些文字的釋讀，其他學者曾對個別字提出過一些不同的看法。如陳邦懷先生在《戰國「行氣玉銘」考釋》一文中就有著頗有見地的論述。例如，銘文中第二片的「[illegible]」字，郭沫若同志最初釋爲「闐」字，後釋做「深」。陳邦懷先生則考證應爲「吞」的異體字。無論從字形還是釋後的通讀來看，陳邦懷先生的看法都是可取的。諸如此例。尚有許多，在本文中就不一一贅述了。

根據各家學者的釋讀，關於這一銘文的史料和其他方面的學術價值也越來越被人們所重視了。首先就是古文字學。通過上面關於文學釋讀的介紹，可以看出，從玉器的篆文雕刻來說，是十分雋美的。這樣規整的篆書文字以及嚴謹的行文規律，使多數專家將它推測爲戰國時代的典型文字。

做爲有關氣功的記載，它也早就引起人們的關注。郭沫若同志曾在一篇論文中指出：這一材料「可證戰國時代確實有這一派講究氣功的養生家」存在。研究體育史的同志們不斷在各種研究文章中提及這一文字材料，做爲我們研究中國體育發展史，尤其是氣功、武術等我國傳統體育專案歷史確鑿可信的實證。關於氣功的起源問題，曾在國際上有著不同的看法。一些學者認爲氣功最早當發祥於東南亞一帶，爾後傳入中國。更多的專家則把中國視爲最早發明氣功的國家。該器銘文的發現使後一種說法得到了一個十分重要的佐證。

氣功不僅做爲一項體育運動，千百年來有著普遍的群衆基礎；同時它還是我國傳統醫學的一個重要的治療手段。因此這一銘文無疑也使從事古代醫學史的大批學者發生了很濃厚的興趣。不少醫學教學和科研單位將這一文物所提供的材料看成是迄今先於《黃帝內經》的我國最早的醫學文獻。有的人則認爲它「和祖國醫學附麗陰陽五行有異曲同工之妙」。〔註 18〕鑒於上述情況，對這一古代珍品所揭示的歷史材料將會被更多的學者所重視，並在更廣泛的科學領域中對它加以綜合研究。

關於這一玉器銘文的研究已經取得了較大的成果。與之相比，對這一玉器本身的製作工藝及器物用途的認識則研究成果甚微。雖對一些問題有過不少揣測，但都歧說不一，難以定論。因此，本文將主要就這些問題談談自己的拙見，以求正於有關學者。

〔註 18〕陳世輝，玉飾銘和氣功療法〔N〕，光明日報，1961-11-21（4）。

許國經

玉銘全文，就字形而言，當楷化作：「行氣：实則遙〔蓄〕，遙則神（伸），神則下，下則定，定則固，固則明，明則authentic（長），authentic則復（復），復則天。天元春在上，地元春在下。巡則生，逆則死。」

就銘文涵義而言，當釋述爲：運行內氣：深深吸氣，則〔氣〕綿綿積聚，（氣）積聚則自然伸延，（氣）伸延則下行（歸氣海），（氣）下行則（神）安謐靜定，（神）安謐靜定則閉氣固守，閉氣固守則陰陽調和、光照外發進而吐氣，則（氣）隨之升漲充盈，（氣）升漲充盈則行故道返回並循環往復，（氣）返還回覆則上行及頂。頂上的乾天混元之氣向下沖貫，腳下的坤地混元之氣向上沖貫（達到「沖氣以爲和」，「天地人合一」）。循此行氣則長生，違此氣逆則短壽。

崔樂泉

最近，在中國體育博物館展出的戰國時期的「行氣玉銘」，言簡而意賅地記述了行氣的要領、過程和作用，是極爲罕見的古代導引的珍貴文獻。

導引，又稱「道引」、「行氣」，現在稱爲氣功，是中國古代特有的一種傳統醫療體育，也是養生之法。西周初年箕子的《洪範》及我國最早的醫書《黃帝內經》中，就已出現了養生、行氣的記載。《莊子·刻意》就把「吹呴呼吸……」視爲導引、養生者追求長壽的重要方法。但是，這些記載皆是較爲籠統的，其最早的導引術式均無詳細描述。

……這件玉佩形作十二面圓柱體，每面刻三個字，並有重文符號八個，共有四十五字：「行氣，实（深）則遙（蓄），遙（蓄）則神（伸），神（伸）則下，下則定，定則固，固則明（萌），明（萌）則長，長則退，退則天，天其杳（春）在上，地其杳（春）在下。順則生，逆則死。」據其文意，這件行氣玉銘的意思是這樣的：行氣、吸氣要安穩才能積蓄，積蓄才能伸張，伸張才能下沈，下沈才能到底，到底才能穩固；然後呼氣，穩固才能如草之萌芽，萌芽才能成長，成長才能往上走，往上走才能升到絕頂。這樣天機便往上動，地機便朝下動，順此行之則生，逆此行之則死。這件對行氣方法、機制和要領扼要說明的玉銘，是戰國時期行氣向理論化發展的重要標誌，是我國古代氣功最早、最具體的實物資料。

包括「行氣玉銘」在內的早期行氣著述，雖還比較粗疏簡略，但它們奠定了我國氣功發展的基礎，後來的各種行氣理論和方法，都可在這個時期找到它們的淵源。湖南長沙馬王堆漢墓出土的西漢帛書《卻穀食氣》及體育博物館展出的《導引圖》，在理論上和方法上當吸收了「行氣玉銘」中對行氣論述的一些成分。

郭沫若（一）

石刻文中有行氣玉佩銘，是在一個十二面體的小玉柱上刻有「行氣」銘文，文凡四十五字。每面刻三個字，有九字重文，篆書。文字極為規整，與洛陽金村出土的韓國的《驫羌鍾》銘文字體相類似。鍾作於周安王二十二年（西元前三八〇年），是戰國初年的東西。玉佩銘應該和鍾同時，說不定也可能是金村韓墓所出土之物。銘文的內容用今天的通用文字譯述如下：

> 行氣：宎（闐）則蓄，蓄則伸，伸則下，下則定，定則固，固則萌，萌則長，長則退，退則天，天丌舂在上，地丌舂在下。順則生，逆則死。

銘中兩個「丌」字，可讀為其，也可讀為機，應以讀機為較適。這是深呼吸的一個回合。吸氣深入則多其量，使它往下伸，往下伸則定而固；然後呼出，如草木之萌芽，往上長，與深入時的徑路相反，而退進，退到絕頂。這樣，天機便朝上動，地機便朝下動。順此行之則生，逆此行之則死。

這是古人所說的「道引」，今人所說的氣功。《莊子・刻意篇》：「吹呴呼吸，吐故納新，熊經鳥伸，為壽而已矣。此道引之士、養形之人，彭祖壽考者之所好也。」可證戰國時代，確實有這一派講究氣功的養生家。

郭沫若（二）

諸字各得其讀，原義即頗順適，今以今語釋之如下：

凡運氣，吸息要充沛，充沛就有容量，有容量就能延長，能延長就能往下深入，往下深入就鎮定，鎮定就能堅固，堅固就能發芽，發芽就成長，成長就往上退，往上退就達到腦頂。天機在上邊動，地機在下邊動。順著就生，逆著就死。

所言大率為深呼吸之一回合。《莊子・刻意篇》有云：「吹呴呼吸，吐故納新，熊經鳥伸，為壽而已矣。此道引之士、養形之人，彭祖壽考者之所好也。」足見戰國時正有此類人士刻意行氣，以講究衛生。

然行氣之術銘於「劍珌」，頗覺不愼倫類。珌者，《說文》以為「佩刀下飾」，經余考證知即劍柄與劍身相接處（古人以爲「鐔」，今人以爲「劍格」）之玉飾（見《金文叢考》169 頁），無隙可容四十餘字之長銘，是則原物是否爲「劍珌」，實屬疑問。

郝　勤

在巫醫文化的基礎上，隨著先秦理想主義的發展及人們追求長壽健康熱情的高昂，一種影響中國導引行氣發展的更深刻更重要的因素出現了，這就是神仙思想和信仰的興起與彌漫。這種觀念的核心在於，它打破了人神界限，認爲通過習練導引行氣或服食「仙藥」便可以「脫胎換骨」，由人變仙，長生不死，輕舉飛升。同時，神仙方士們將導引行氣之術作爲達到其不死成仙的修煉手段，這大大激發了人們習練導引行氣術的興趣，從而使這些方法和技術迅速發展普及開來。

由秦至漢，是神仙信仰盛行的時期。秦皇漢武都是狂熱的崇信者；民間也有許多神仙信仰者導引服氣及服食藥餌，這些人被統稱爲「方仙道」或「黃老道」。在理論方面，則出現了戰國時期的《行氣玉佩銘》……等。其中，《行氣玉佩銘》記敍了內氣運行的方法；……

欒祖光

中國的養生保健，有著悠久的歷史和深厚的社會基礎。早在二千多年前，中國的養生保健便在華夏大地上形成，出現了不少對養生保健很有研究的專家，如莊子等；並已形成了完整豐富的理論和方法，如……《行氣玉佩銘》……等。

饒宗頤

茲錄其全文如下：

行氣宎，＝則逽，＝則神，＝則下，＝則定，＝則固，＝則明，＝則蒖，＝則下，＝則天。＝其畣在上，墜其畣在下。巡則生，逆則死。

凡用重文號者（爲重文號）多次，上下綰結，似邏輯之推理連鎖式，諸子之文，若莊、荀、呂覽，多見此例。文中異形繁體，如逽之即畜，蒖之即長，已無異議。

神則下者，謂行氣下降可以及踵。《莊子・大宗師》云：「古之眞人，其息深深。……眞人之息以踵，衆人之息以喉。」《經典・釋文》引王穆夜云：

起息於踵，遍體而深。眞人行呼吸是從腳跟做起，遍及全身。穆夜即王叔之，著有《莊子義疏》三卷，見《釋文》，晉末官參軍，事迹見陳舜俞《廬山記》引《遠公匡山集》。

珌者，是佩刀下飾（《說文》）。《詩·小雅》瞻被洛矣：「鞸琫有珌。」《毛傳》：「鞸，容刀鞞也。」《孔疏》：「古之言鞞，今之言鞘。」鞸一本作韠。段玉裁說：「鞸之言裨也。刀室所以裨護刀者。」行氣銘何以勒於劍鞘上？有何用意？王季星以為此行氣銘蓋為形而上之劍氣論，引《莊子·說劍篇》及《吳越春秋》南林處女之論劍道為佐證。余謂印度之瑜珈術亦講調氣之方，奧義書一百多種，有一種名為 Ksurikā Upanišad，ksurikā 之義即劍，蓋取斬除煩惱為喻，而凝神蓄氣，宛如刀刃之出於新硎。佛教大部頭之書，若《瑜伽師地論》共一百卷，其中言及「覺悟瑜伽」，意思是「從順障法，淨修其心」。亦即行氣銘謂「固則明」之境地。能「定則固」已是能掌握神與氣的瑜珈術。瑜伽（yoga）猶言馭（yoga 字根出自 yoj，to hold farst）。《莊子·大宗師》云：「浸假而化予之尻為輪，以神為馬，予因而乘之。」以神為馬可以駕馭上下之氣，惟須順其自然，才不至於出亂子。

湯余惠

玉銘記載行氣的方法和原理，其時代早於馬王堆漢墓帛書導引圖，是迄今所見時代最早的有關行氣原理和方法方面的古文字資料。

楊琳：賞心悅目之餘，人們自然想進一步瞭解它的內容。銘文說些什麼呢？通常的看法是「概述了氣功導引的要領與功能，類似今日氣功家所謂行氣的周天運行的說法」。人們還將這篇銘文當作我國目前所見到的最早的氣功文獻。我們認為把它當作氣功文獻，不少句子牽強難懂，甚至不知所云，如「固則明，明則長」，「天其本才上，地其本才下」等。我們認為這是一篇孕育學的文獻，講的是從交媾到受精卵著床直到嬰兒降生的簡要過程。

……

通過以上分析，我們看到這篇銘文反映了戰國時期的人們對人的孕育過程的認識水平，體現了「天人合一」「天人一體」的思想理論對人們探求具體事物的規律所起的制約作用。以往人們之所以把這篇銘文當成氣功文獻，主要是文章開頭有起點題作用的「行氣」一語。「行氣」的常見用法確是指以呼吸吐納為主要手段、以祛病強身延年益壽為目的的氣功。但如果我們追尋氣功的源頭，就會發現它是從房中術中分化出來的。古人很早就有氣爲生命本源的認識。西安半坡遺址發掘出的翁棺往往鑿有一個小孔，一般認爲這是供死者靈魂出入用的口子。這表明在當時人們的觀念中靈魂以氣的形式存在，它是不死的。靈魂附於人體，人就有了生氣，人就活著。靈魂離開人體，人就沒了生氣，也就死了。魂字從雲，雲就是氣。《太平御覽》卷 599 引《禮記外傳》:「人之精氣曰魂。」所以《莊子・知北遊》中說:「人之生，氣之聚也。聚則爲生，散則爲死。……通天下一氣耳。」正因如此，天地通過「合氣」來創造萬物，男女通過「合氣」化育新的一代。既然氣爲生命之源，那麼對人體之氣加以修煉保養，使之充沛旺盛，時時通過各個器官組織，給器官組織不斷注入活力，就可以達到祛病強身延年益壽的功效。房中術正是古人用來煉氣養生的手段。因爲生命通過交接精氣而誕生，「獨陰不生，獨陽不生」(《穀梁傳》莊公 3 年)，修煉精氣自須陰陽相濟。《玄女經》云:「天地之間，動須陰陽。陽得陰而化，陰得陽而通。一陰一陽，相須而行。故男感堅強，女動闢張，二氣交精，流液相通。……能知其道，樂而且強，壽即增延，色如華英。」《素女經》云:「男女相成，猶天地相生也。天地得交會之道，故無終竟之限。人失交接之道，故有夭折之漸。」「黃帝問素女曰:『今欲長不交接，爲之奈何？』素女曰:『不可。天地有開闔，陰陽有施化，人法陰陽，隨四時。今欲不交接，神氣不宣佈，陰陽閉隔，何以自補？』」這種交接可以強身延年的觀念在戰國秦漢時期頗爲流行。《漢書・藝文志・方技略・方中》錄《容成陰道》等八家房中術著作，雖然都已失傳，亦可窺見其術風行之一斑。馬王堆漢墓出土了 5 種房中術著作，使我們對戰國秦漢時期房中術的內容有了更多具體的瞭解，從中不難體察到氣功與房中術的密切聯繫。如《十問》「彭祖之養陰治氣之道」章中說:

> 王子巧父問於彭祖曰:「人氣何是爲精乎？」彭祖合（答）曰:「人氣莫如竣（朘，男根）精。竣氣宛閉，百脈生疾，竣氣不成，不能繁生，故壽盡在竣。」

又「曹熬之接陰治神氣之道」章中說:

> 黃帝問於曹熬曰:「民何失而死？何得而生？」曹熬答曰:「(陰陽之合也）而取其精。侍（待）坡（彼）合氣，而微動其刑（形）。能動其刑，以致五聲（女子產生快感時的呻吟），乃入其精。虛者可使充盈，壯者可使久榮，老者可使長生。」

房中術與氣功都以氣爲生命本源的認識爲理論基礎，都以練氣爲手段，以祛病延年爲目的，二者無疑具有內在的聯繫。「行氣」一詞既表示男女交合，又表示氣功的運氣，正好反映了二者的源流關係。

……

最後，讓我們把《玉祖行氣銘》按通行用字轉寫並加標點如下，以便對讀研討。

行氣，探則搐，搐則神，神則下，下則定，定則固，固則萌，萌則長，長則退，退則天。天其本在上，地其本在下。順則生，逆則死。

趙　峰

行氣銘歷來考釋者多家，現將全文隸定如下：

行炁：实則遙，遙則神（伸），神（伸）則下，下則定，定則固，固則明（萌），明（萌）則𨱗（長），𨱗（長）則復，復則天。天丌（其）沓才（在）上，墜（地）丌（其）沓才（在）下，巡（順）則生，逆則死。

于省吾、郭沫若等人在對銘文考釋的前提下，都對銘文的意思進行了深刻的詮釋。如郭氏的釋文還引用《莊子・刻意篇》作注云：「吹呴呼吸，吐故納新，熊經鳥伸，爲壽而已矣。此道引之士，養形之人，彭祖壽考者之所好也。」足見戰國時正有此類人士刻意行氣，以講求衛生。

當然我們不能侷限於前人一家之成說，通過以上對玉銘文字的考釋，以及參諸前人之語，可知此銘文的大意講的是行氣的方法和原理。

從其結構來看，前十句可分爲一段，後四句爲另一段。「行氣」指的是以意念導引體內的「氣」運行，而前十句正好是吸氣與呼氣的過程。「吞則遙，遙則伸，伸則下，下則定」，是說口中吸進氣後，引導它自上而下逐漸運行延伸至一定的部位（大約是丹田），便要停下來。這是吸氣。「定則固，固則萌，萌則長，長則復，復則天」，是說氣定之後再使之充實、強固，氣固之後便向上萌生，使行至丹田之氣自下而上逐漸回到口鼻部位，再把返回之氣向上引致頭頂。這是呼氣的過程。後世的氣功有一種方法，就是將氣引至丹田後，要以意念引氣旋轉產生熱團，令其往復於臍、命門、會陰等部位，以加強健身效果，達到「內壯」的目的，可能與此是一致的。而後世氣功家講氣貫百會，和銘文「復則天」則是一個意思。

「天其本在上，地其本在下。順則生，逆則死」。這四句是說，天的本根在上，地的本根在下，人體也是同樣道理，行氣必須上下通達順乎其規律，不能將其順逆搞錯，否則將有生命危險，告誡學氣功之人不可違背行氣之道。

這段行氣玉銘比馬王堆漢墓出土的帛書導引圖至少要早一、二百年，是我國目前所見時代最早的一件有關氣功的實物資料。但我們對它的認識必然還有許多不夠深入的地方，有待於今後作進一步的研究、探討。

于省吾

老子曰：「生之畜之，生而不有。」《詩・節南山箋》：「畜，養也。蓋行氣之道，歸諸自然，則須涵養有素，不物於物。」故曰：「天則畜能，畜則渺遠不測。」故曰：「畜則神。」老子曰：「高必以下爲基。」故曰：「神則下。」老子曰：「重爲輕根，靜爲噪君，所謂本能制末，靜者御物，噪者御於物。」故曰：「下則定。」傳曰：「知止而後有定，定而後能靜，靜而後能安。」老子曰：「致虛極，守靜篤。」故曰：「定則固。」老子曰：「用其光，復歸其明。」故曰：「固則明。」《廣雅釋詁》：「長，常也。」老子曰：「知常曰明。」故曰：「明則長。」老子曰：「功成名遂身退，天之道。」王輔嗣曰：「四時更運，功成則移。」故曰：「長則退，退則天。」蓋行氣之道，本諸自然，故以天則畜起，中間經過多少甘苦程式，而復反於自然。故曰：「退則天。」

舂通蠱。《說文》：「蠱，器虛也。」老子道：「蠱而用之，字亦以沖爲之。」天地之道以有爲禮，以無爲用。老子曰：「三十輻爲一轂，當其無，有車之用。」此以天地譬人身之上下。故曰：「天其舂在上，地其舂在下。」《公羊隱八年專注》：「巡，猶循也。」《左文十一年傳》：「國人弗徇服。」注：循，順也。順天地之道則生，逆天地之道則死。故曰：「巡則生，逆則死。」

通體只四十五字，而子部精義函括於內，習技而兼以論道，所謂神乎技矣。

趙松飛（一）

縱觀考釋者，都將此古玉文體稱爲「銘」。筆者認爲，古玉之文應爲道家丹功淵源的一部經典，理應稱其爲「經」。稱爲「銘」就降低了它的品格。據此，筆者正其名曰：《行炁玉柱經》。

筆者的釋文如下：

第一行第二字爲「炁」，不是「氣」。

第一行第三字爲「兲」（「天」的異體字）。

第二行第二字爲「遙」。

第七行第一字爲「退」，退則復復（此字沒刻重文符號，暗刻字內）。

第八行第二字爲，第十行第一字爲「本白」二字組成。即：行炁实則遙，遙則神，神則下，下則定。

定則固，固則明。明則長，長則退。

退則復，復則天。天基本，日在上。

天基本，日在下。巡則生，逆則死。

經文爲三言十六句，眞是極佳的駢體文。在此，將郭氏釋文附錄如下，以供對照：行氣

深則蓄，蓄則伸，伸則下，下則定。

定則固，固則萌，萌則長，長則退，退則天。

天幾春在上，地幾春在下。順則生，逆則死。

古人在寶物中怎麼會刻寫此種不倫不類的文體呢？

筆者認爲經文的寓意極爲深奧，每個帶有重文符號的字，都是道家丹功的一個重要秘訣和煉功次第。

道家學者王沐在《悟眞篇淺解・丹法漂流》文中雖然是按照郭氏的釋文來論述，但根本上還是以道家丹功爲依據。他說：「我們分析銘文含義它應是內丹丹法的雛形，它的操作方法，較行氣吐納更探一步，更進一層。若定它爲古代丹法的前身，並非附會。」還進一步說：「此銘文應屬早期內煉方法，有些內煉過程與前面所講《悟眞篇》的丹法內容理論一致，當時雖不稱內丹而云行氣，但內丹的輪廓已具雛形，給後來內煉方法奠定了初步基礎。這可能是《悟眞篇》內丹思想最早的根源。」筆者非常贊同以上的論述。

如果王沐先生今天健在的話，看了筆者的釋文，定會作出更精闢的論述的！

仙學巨子陳攖寧在本世紀三十年代倡導仙學。說：「神仙之術，首貴長生。惟講現實，極與科學接近」。「余主張仙學完全獨立，不必牽涉到儒釋道三教範圍之內」。「所謂仙學，即指煉丹術而言。有外丹、內丹二種分別」。「後代修煉家，謂外丹之繁難，喜內煉之簡易，改由肉體之精氣神下手，遂有『煉精化氣』、『煉氣化神』、『煉神還虛』之說。後又以爲不足，再加上『煉虛合道』一層，於是乎丹道與虛空遂發生關係」。「盈天地間，充滿了物質，何嘗有一處是虛空的？不過因爲人類的眼睛看不見許多微細的物質，假名之爲虛

空耳」。

古代的外丹術本不分次第，後來內丹修煉家才分次第，明清以來，更將煉功次第注上時間。陳攖寧說：「丹經上常言第一步功夫要一百天，第二步功夫要十個月，第三步功夫要三年，第四步功夫要九年。這些期限，說得太死板了，與實際上不相符合。此事要看學人年齡之老少，資質之愚智，境遇之順逆，財力之厚薄，障礙之有無，故難一概而論」。

道書中對時間還美稱爲：「百日立基，丹成」，「十月結胎，脫體」，「三月乳哺，養嬰」，「九月面壁，飛升」。

現摘引幾段道書，從中對次第和時間應有所思悟。

張三豐《玄機直講》說：「一刻之中，亦有煉精化氣，煉氣化神，煉神還虛之功夫在內，不獨十月然也。即一時　口一年皆然。」

石杏林《還原篇》說：「金丹之功成於片時，不可執九栽、三年之日程，不可泥年、月、日、時而運用。」

張伯端《悟眞篇·其五十五》說：「赫赤金丹一日成，古仙垂語實堪聽。若言九載三年者，總是推延欵日程。」

在此筆者試探將道家丹功的次第和時間套用於經文，是否正確？請方家指教。

行炁（內丹養生法）

实則適，適則神。（修德養心，導引養行，煉己養性。）

神則下，下則定。（築基功，煉三寶精氣神。培後天，補先天。）

定則固，固則明。（煉精化炁，百日立基。）

明則長，長則退。（煉炁化神，十月。）

退則復，復則天。（煉神還虛，三年；煉虛合道，九年。）

天基本，臼在上。（修性的根本，上丹田。）

地基本，臼在下。（修命的根本，修丹田。）

巡則生，逆則死。（行炁的關鍵。）

趙松飛（二）

𢓊（巡）音 xŭn。

郭氏說：「巡讀爲順」。聞氏、郭氏、陳氏都釋爲「順」，只有於氏釋爲「巡」。此字明白無誤的是「巡」字，雖然「巡、順」兩字古人有時通用，但字義也有所不同。

巡有周行視察，來往察看，巡行、巡視的意義；還另音 yán，通「沿」，有依次順接的意義，所以「巡」是行炁的關鍵，寓義深奥，不必借用「順」字。

李　戎

迄今存世的最早的醫學或養生學實物文獻，考證結論比較可靠者，可能要算戰國初期的玉杖首《行氣銘》了。因爲《萬物》雖然可能比它更早，但（萬物）屬「藥學」而不屬「醫學」或「養生學」。一般認爲《黃帝內經》成書於戰國至漢代，而後來馬王堆出土的十幾種古醫籍和張家山出土的《脈書》、《引書》，其中好多種都是《內經》的祖本，比《內經》早，而這些古醫籍多被學術界定位在戰國至漢代。《行氣銘》「最早」這一事實，決定了它在醫學學術理論研究中的重要地位，中醫基礎理論中的「氣學說」、「天人相應學說」、「順逆學說」，健身氣功中的「調氣」、「存想」理論，以及房中養生中的一些理論和方法，都得追溯到此銘。有鑒於此，研究《行氣銘》銘文的內容，弄清其文字的眞實含義，就是首要的也是重要的一項工作了。

《行氣銘》銘文如下：

> 行氣，深則**蓄**，**蓄**則神，神則下，下則定，定則固，固則明，明則長，長則**退**，**退**則天。天亓舂在上，地亓舂在下，巡則生，逆則死。

從前的說法，《行氣銘》是鐫在一個「玉佩」上的，是深呼吸的一個回合。健身氣功界認爲，這是一種有規律的調整深呼吸法，亦即今之順式呼吸法，屬於靜功的一種。

孫啟明（一）

綜觀《行氣銘》全文，則知爲古代房室養生之「守則」。考竹簡《天下至道談》中特別強調男女有則。其文日：「人產而所不學者二，一曰息，二曰食。非此二者，無非學與服。故二生者食也，孫（損）生者色也，是以聖人合男女必有則也。」《行氣銘》即此「則」之範本。

看來借助訓詁學完全可以揭開《行氣銘》的神秘的面紗，從而解開這一近二千五百年之謎。

孫啟明（二）

剖析《行氣銘》銘文，與《十問》、《合陰陽》、《天下至道談》三部出土先秦簡書的學術內涵，彼此之間確實蘊含房室養生學的淵源，而且關係至為密切。

從《行氣銘》與《十問》、《合陰陽》、《天下至道談》的比較研究中，得出一個結論，就是：玉杖首《行氣銘》是一篇性保健的文章。

何新：今存於天津文管處有一件戰國玉器。此器呈楞柱狀，中空，頂端未透。長期以來文物學家一直不識其為何物。〔註 19〕但我們不妨考慮一下此器物上的銘文：

行氣。知則搖，搖則伸。伸則下，下則定。定則固，固則萌，萌則長，長則復。復則天（通頂），頂其舂在上，墜其舂在下。順則生，逆則死。

全文大意是說：行氣之道，吞、搖、伸、入、定、固、萌、長、復。順生逆死。舂，即臼。《說文》：「從廾持杵以臨臼。杵省。」而「舂」這個字，正是理解此物的一個關鍵字。案「氣」，《說文》：「饋客之芻米也。從米氣聲。……氣或從食。」案餼、吃、吃古今字。氣音通吃、食。口吞物曰吃。故吃亦有性涵義。（《漢書》以「對食」為性座隱語。）

行氣或稱作「合氣」，乃是秦漢古人關於性交的隱語之一。〔註 20〕由此一字謎的打破，就不難看出，這實際是一首關於行房之術的韻文。行房之術在中國起源相當早（相傳起源於黃帝、容成子），屬於古氣功的一派。《漢書》「方技略」中，專列有「房中」一目。目內有黃帝、容成之名，又有（太一陰道）的書名。可見古人是把「房中」術作為一種與神交通的巫術來運用的。

呂利平、郭成傑

行氣，又稱服氣、煉氣，最早見於戰國《行氣玉佩銘》，該玉佩呈 12 面體狀，篆刻銘文 45 字：「行氛（氣），実（吞）則遧（蓄），則神（伸），神則下，下則定，定則固，固則明（萌），明則踞（長），則退（復），退（復）則天。天其杳（本）才（在）上，墜（地）其在下，巡（順）則生，逆則死。」郭沫若先生對此的解釋是：「這是深呼吸的一個回合。吸氣深入則多其量，使它往下伸，往下伸則定其固；然後呼出，如草木之萌芽，往上長，與深入時的路徑相反而退進，退至絕路。這樣天機便朝上動。順此行之則生，逆此行

〔註 19〕考古學家陳邦懷說：「過去名之為玉刀珌，或名劍珌，又名玉佩，似乎都不妥當。究為何物，還有待進一步研究。」見《古文字研究》第 7 輯，頁 187。

〔註 20〕《論衡・物性》「夫婦合氣……合而生子矣。」《魏書・釋老志》「寇謙之傳」：「男女合氣之術。」合氣即性交之隱語也。

之則死。」行氣主要是通過意念控制和呼吸運動來進行自我體驗、自我調節的身心運動形式。銘文前十句是說吸與呼的過程，即「深呼吸的一個回合」，指丹田的精氣化爲暖氣的感覺，在體內任、督兩脈上循環的一個過程。所謂天機朝上動，地機朝下動，可能是指氣在奇經八脈全通達。《老子》（第六章）中說：「穀神不死，是謂玄牝。玄牝之門，是謂天地根。」是說有道之人善於引腹中元氣，便能長生健康，可謂微妙之生長。即玉佩銘所說「定則固，固則長」。玉佩銘中說的「天其沓才上，墜其沓在下」，是對應《老子》中「玄牝之門，是謂天地根」而言的。

尹志強

行氣銘釋文是：先吸氣使氣流進入下丹田，氣流經過在下丹田的鞏固、充實，然後通過意念使氣流回轉，延著氣流進入的方向逆行至大腦。只有按照人體的呼吸規律和生理構造，合理運氣，才能達到強身健體，反之則元氣大傷。

黃耀明

運行（體內）眞氣，調節身心使之自然，則會使眞氣逐漸（向胸部中丹田）行走並積聚在那裡。使眞氣下行並積聚於胸中（中丹田）之後，就要（用意念）使之沿任脈向下延伸，常行這個向下延伸的意識就會使眞氣大幅度下行至小腹處（下丹田）。使眞氣下行後就使之止於丹田，使眞氣停止在丹田後就要（靜守、固守）使之逐漸充實，形成氣丘。眞氣在丹田得到培養、鞏固後，要使之向會陰處萌發，萌發後，要不斷長養眞氣，以使之向尾閭處上長。（不斷積蓄、長養眞氣）使眞氣向尾閭處上長，就會使眞氣衝過尾閭關，像與下行相反的回行一樣，到達與胸部中丹田相對之處的夾脊關（此爲「復」），使眞氣到達夾脊關之後，就要使之衝過此關，上達頭部（具體線路爲：先到玉枕關，再衝過此關直達泥丸腦海，並沿印堂下行入鼻進口彙入任脈）。頭部（上丹田）的接近眞氣源頭的入口在正上方，腹部（下丹田或足部）的接近眞氣源頭的入口在正下方。如果使眞氣巡行於所述之線路（任督二脈及中黃脈），眞氣就象生機勃勃的植物一樣，生生不息，運行通暢（人體就會充滿生機與活力，當然就會長壽）；如果不這樣行氣，眞氣就會虛弱無力，行進不暢（人體也就像植物枯萎一樣衰老虛弱，自然短壽）。

按：諸家對字義的考釋不同，對銘文內容解釋自然不同。筆者結合第二章按語的看法，玆錄其全文如下：

行氣，顚則撤，＝則伸，＝則下，＝則定，＝則固，＝則萌，＝則長，＝則退，＝則天。＝其本在上，墜其本在下。順則生，逆則死。

銘文通釋如下：

> 導引眞炁運行，眞炁到達頭頂就往回撤，往回撤後才能延伸，延伸才能深入往下，深入往下一直到丹田（見本論文第 66 頁），眞炁才停止，停止後眞炁會進一步強固、充實，強固、充實後的眞炁會再次萌動，萌動的眞炁會往上運行，往上運行的眞炁後退，往回退的眞炁會再次進到頭頂。天的本根在上，地的本根在下，人體也是同樣道理，導引眞運行必須上下通達順其規律，不能將其順逆搞錯，順著就可生存，逆著就會死亡。

全文可分兩段：由「行氣」至「退則天」爲第一段，講氣功行氣的過程，用三字經的句式道出眞炁運行的路徑。「天其本在上」至「逆則死」爲第二段，講氣功行氣的規律，排偶句型，言簡意賅地道出行氣需順乎天地的哲理。

氣功向來講調身和調息，調身即氣功是全身運動，需要身體各器官參與；調息即指調動眞炁按一定的路徑運行。《行氣玉銘》第一段，行氣要顚（名詞活用爲動詞）、撤、伸、下、定、固（形容詞活用爲動詞）、萌、長、退、顚（名詞活用爲動詞），諸動詞相互比連，每個字都表示行氣的一個步驟，皆指連貫的調息。大意是：行氣法係鼻息噓吸，閉口運氣，由鼻到頭頂，然後在由頭頂撤回到鼻，在由鼻往下綿延伸展，綿延伸展就會將眞炁運入腹、及丹田，由丹田在後退，一直後退到頭頂（眞炁運行的具體路徑見附錄二圖四，但筆者並不完全同意這一路徑）。第二段「天其本在上」至末，總結行氣規律。大意是：行氣的規律猶如天在上、地在下的自然規律一樣不可動搖。氣功乃養生之道，歸諸自然，行氣者要遵循規律，恪守不移，宛如順服天地一樣。

根據《玉銘》全文內容，我們可以看出，它講的是柔氣功，或稱爲內養功，類似大、小周天的功夫（見本論文第 57 頁）。《玉銘》所闡述的關於氣功運行的路徑和總結出的行氣規律，對後代氣功的發展有一定的影響。

第四章　《行氣玉銘》的年代和國別

關於《行氣玉銘》的年代和國別，諸家的主要觀點如下；

陳邦懷

根據玉銘文字特點和風格，將它定爲戰國是毫無疑問的。需要討論的是，它作於戰國哪個時期。我在前面說句子時，曾將玉銘與《莊子》、《孟子》、馬王堆帛書《經法》作以比對，玉銘無論句子結構，還是寫作筆法，與《莊子》、《孟子》、《經法》是完全相同，或十分相近的。因此，它們的應相差不遠。

莊周、孟軻爲齊宣王、梁惠王時人，《莊子》、《孟子》成書自當在戰國末年。

馬王堆帛書《經法》和《十大經》等篇，爲戰國後期的作品。據此推斷，《行氣玉銘》應是戰國後期的作品，並非是晚周，或戰國初年的東西。

這篇戰國《行氣玉銘》，其文字之精，文章之美，在歷代古玉文字中，可以說是首屈一指的了。雖然只有四十五字，但是它記述了行氣的要領，傳下了寶貴的經驗，成爲我國古代關於氣功最早最具體的實物資料。由於它是一篇韻文，讀起來朗朗上口，容易記憶，這就便於後學者掌握要領而利於實踐。銘文中的古文奇字，還豐富了我們對戰國時期古文字的認識。

毛　良

《行氣玉佩銘》是一件戰國時代的珍貴文物，上有銘文四十五字。據郭沫若同志研究，該「玉佩銘」和「驫羌鍾」的製作年代—西元前380年相近，其銘文內容是敍述深呼吸的一個回合；銘文已有郭沫若（1972年）的釋文和沈壽（1980年）的釋文；二種釋文的內容有明顯不同，值得作深一步討論。

林誌強

……行氣玉銘中的古文奇字，豐富了人們對戰國時期古文字的認識。

湯余惠

銘文字體方正規整，與韓國銅器屭羌鍾銘文風格十分相近，當出晚周三晉人之手。

趙　峰

至於此玉銘的製作年代，于省吾在《雙劍誃吉金文選附錄・刀珌銘》的眉批說：「吳北江先生曰：此決爲晚周兵學家言，非漢人所能及。文格往復瀠洄，妙諦環生。末四語用雙排作結，樸茂嶄峻，說理之文如此簡峭，方不庸腐。」可見於氏是持晚周說的，但他僅從銘文的語言風格上進行判斷，顯然還有失偏頗，郭沫若認爲此玉佩銘，是戰國初年的東西。說不定也可能是金村韓墓所出土之物。相對來說陳邦懷的看法則較爲可信。他不僅以文字的書寫風格並且根據玉銘文字的寫作特點等，將玉銘與《莊子》、《孟子》、馬王堆帛書《經法》加以對比，認爲玉銘無論從句子結構，還是寫作筆法，都與《莊子》、《孟子》、《紀法》是完全相同，或十分相近的。因此，可以推斷應是戰國後期的作品。

趙松飛（一）

郭氏 2 對此古玉，只見不精確的拓片，更未見實物。在四十年代考釋說：「文辭確甚奇古，字體亦秀整可喜，與洛陽金村所出《屭鍾文》頗相近似，蓋戰國時代之物無疑。」郭氏 3 在七十年代考釋說：「文字極爲規整，與洛陽金村出土的韓王的《屭羌鍾》銘文字體極相類似。鍾作於周安王二十二年（西元前三八〇年），是戰國初年的東西。《玉佩銘》應該和鍾同時，說不定也可能是金村韓墓所出土之物。」總之，郭氏認爲成品在戰國初期。

陳氏 5 考釋說：「根據玉銘文字特點和風格，將它定爲戰國是毫無疑問的。需要討論的是，它作於戰國哪個時期。」玉銘無論句子結構，還是寫作筆法，與《莊子》、《孟子》、《經法》是完全相同，或十分相近的。因此，它們的年代應相差不遠。《莊子》、《孟子》成書自當在戰國末年。馬王堆帛書《經法》和《十大經》等篇，爲戰國後期的作品。據此推斷，行氣玉銘應是戰國後期的作品，並非是晚周，或戰國初年的東西。

郭氏從「字體上」考釋爲戰國初期，陳氏從「句法」上考釋爲戰國後期，可以說均有理有據。但筆者認爲還要從「內容」上來探討。

首先從「行炁」一詞來分析。據查《莊子》、《老子》直到西漢時的《淮南子》書中都沒有用「炁"字。馬王堆漢墓出土的帛書《十問》和《天下至道談》中，也沒有用「炁"字。後來到東漢時的魏伯陽在《參同契》中才出現了「炁」字。直到晉時葛洪在《抱朴子內篇》中不但用了「炁」字，還用了「行氣"和「行炁」二詞。馬王堆出土的帛書沒有「行氣」之詞，只有「食氣」、「治氣」、「積氣」、「蓄氣」等詞。

筆者認爲，此古玉成品年代和經文作品年代應分別定論。從「行炁」來說，古玉成品年代應定爲漢代。從「經文」來說應定爲戰國時代，甚至早在春秋。因爲神仙久視不死之術，流傳更早。《參同契》後世稱爲「萬古丹經王」，而此古玉經文，理當稱其爲「萬古丹經祖」了。

李　戎

據中國中醫研究院醫史文獻研究所考證，當係西元前500年一西元前380年左右（戰國初期）的銘文。

孫啟明（一）

《十問》、《合陰陽》、《天下至道談》三書，都是竹簡，又都是有關房室養生學的著作，這些書都是先秦時代的著作，史家認爲是戰國時期的作品，這就與戰國玉杖《行氣銘》具有同一的時代背景，因而其學術內涵可以相互溝通。《十問》、《合陰陽》、《天下至道談》無疑會有助於《行氣銘》的破解的。

孫啟明（二）

從本刊今年第1期李戎文中獲悉，「迄今存世的最早的醫學或養生學實物文獻，考證結論比較可靠者，可能要算戰國初期的玉杖首（行氣銘）了」。「一般認爲《黃帝內經》成書於戰國至漢代，而後來馬王堆出土的十幾種古醫籍和張家山出土的《脈書》、《引書》，其中好多種都是《內經》的祖本，比《內經》早，而這些古醫籍多被學術界定位在戰國至漢代」。李戎文還說：「《行氣銘》『最早』這一事實，決定了它在醫學學術理論研究中的重要地位，中醫基礎理論中的『氣學說』、『天人相應學說』、『順逆學說』，健身氣功中的『調氣』、『存想』理論，以及房中養生中的一些理論和方法，都得追溯到此銘。」

孫啟明（三）

經中國中醫研究院醫史文獻研究所考證，當係西元前 500 年一西元前 380 年左右（戰國初期）的銘文。竊思，我國著名考古學者羅振玉把它收在《三代吉金文存》一書的第 20 卷 49 頁上。「三代」，當指「夏、商、周」三代，是否意味著《行氣銘》是周代以前之產物敘《三代吉金文存》著錄傳世的殷周青銅器銘文拓本 4835 器，從食器到兵器 20 餘類，分別按字數多少排列。是影響最大的一部殷周金文資料集錄。據此可見，羅振玉將《行氣銘》納人商周金文範疇內，則要早於戰國初期上千年。

我國古文字的發展和演變，無不打上歷史的烙印。甲骨文出於殷商，金文出於商周（商代金文與甲骨文相似，西周金文字體齊整，戰國末年金文漸與小篆接近），篆書中的大篆（籀文）出於春秋、戰國，小篆出於秦始皇時代，隸書出於秦、漢，楷書、草書、行書出於漢、魏、晉。在甲骨文之前還有夏陶文，新近出土之河姆渡陶文至今無人能識，但反映了我國的文化不是上下五千年，而是向上推進到七千年。顯然，一定的古文字字體，蘊藏著時代背景的資訊。因此，可以根據《行氣銘》古文字的形體表現，聯繫存世之甲骨文與商周之鍾鼎文以尋其製作年代之蹤迹。

按：趙松飛先生認爲古玉年代應定爲漢代，非常荒謬。陳邦懷先生等認爲是戰國時期物；關於國別，湯余惠先生認爲是出自三晉人之手，是可信的。

從銘文的字體就可以證明這一點。因爲：

「我國古文字的發展演變，無不打上歷史的烙印。甲骨文出於殷商，金文出於商周（商代金文與甲骨文相似，西周金文字體齊整，戰國末年金文漸與小篆接近），篆文中的大篆（籀文）出於春秋、戰國……顯然，一定的古文字字體，蘊藏著時代背景的資訊。」〔註 1〕

把《行氣銘文》與一定時代的字體對照和對比，就可判斷出其時代和國別。何琳儀先生在《戰國古文字典》把銘文歸在三晉譜系**裏**，並把它們分別與同一譜系的字對照、及其他譜系的字對比，如「**倀**」字：

《晉璽》「**倀**」，讀長，姓氏。《**驫**羌鍾》「**倀**城」，讀「長城」，齊長

〔註 1〕孫啓明，《行氣銘》古文字研究〔J〕，上海：醫古文知識，2001（4）：33。

城：趙《方足布》「**㙊**安」，讀「長安」，地名，即《史記·趙世家》「長安君」封地，地望不祥。《**㙊**信侯鼎》「**㙊**訲侯」，讀「長信侯」，見《戰國策·魏策》三。《魏璽》「**㙊**璽」，讀「長史」，官名，《史記·李斯傳》「秦王乃拜斯爲長史。」《中山王鼎》「**㙊**爲人宗」之，讀長。《廣雅·釋詁》「長，常也。」《中山王鼎》「㝊、**㙊**」，讀少、長，互文見義。《中山王方壺》「齒**㙊**」，讀「齒長」。《兆域圖》「**㙊**」，讀長，長度。〔註2〕

黃耀明先生在《〈行氣玉銘〉釋義集評及新探》中做出《行氣玉銘與晉系文字逐字對照表》和《行氣玉銘中「復」字形體形成邏輯流程表》：〔註3〕

附表1：《行氣玉銘》與晉系文字逐字對照表

楷字	行氣玉銘	中山國文字 同一字	其他相同、相關字				趙國文字	韓國文字	魏國文字
行		 大鼎	 兆域圖		 玉片		 侯馬盟書		
気		 扁壺	 （夜）圓壺		 （庶）方壺				
宎			 方壺	 （宜）圓壺	 （深）方壺	 （宗）兆域圖		 鄭韓故城陶文	
則		 方壺	 方壺				 侯馬盟書	 溫縣盟書	

〔註2〕何琳儀，戰國古文字典——戰國文字聲系〔M〕，北京：中華書局，1998（9）：686。

〔註3〕黃耀明，《行氣玉銘》釋義集評及新解〔J〕，北京：勵耘學刊（第十二輯），學苑出版社，2010：94～122。

遒		衡帽	（曾）方壺	（後）大鼎	（逹）大鼎	（丝）鉞			
神（伸）			（申）玉片	（祭）方壺	（福）方壺		（申）六年相邦司空馬鈹		
下		大鼎	玉璜				六年令戈		信安君鼎
定		大鼎	方壺		（宮）兆域圖		侯馬盟書	八年新城大令戈	
固		神獸	圓壺		帳杆母扣		侯馬盟書	鄭韓故城陶文	
明（萌）		圓壺	大鼎		（日）圓壺		侯馬盟書	鄭韓故城陶文	十七年洱陽令戈
㣲（長）		大鼎	（粻）方壺		（立）方壺		方足長安布	㣲羌鍾	長陰侯鼎
							十七年春平侯鈹	宜陽戈	五年龔令思戈

復		大鼎、圓壺	（退）方壺 （道）圓壺	（退）兆域圖 （道）大鼎	（得）大鼎 （⿺辶會）方壺	侯馬盟書	溫縣盟書	
天		方壺	（夫）大鼎	（不）方壺	（不）圓壺			
丌（其）		圓壺	大鼎	兆域圖	守丘石刻	侯馬盟書 方足小布	溫縣盟書	子孔戈
杳			（臼）守丘石刻	（齒）方壺	（土）圓壺			
才（在）		大鼎	大鼎				溫縣盟書	十七年平陰鼎蓋
上		方壺	圓壺			甘單上庫戈	十二年塚子戈	二十四年晉□戈
（地）		圓壺	（降）大鼎			侯馬盟書	八年鄭令戈	

巡			（順）大鼎	（追）圓壺	（連）兆域圖	十二年相邦司寇鈹		
生		方壺	（十）神獸	（十）帳杆母扣	（裏）大鼎	侯馬盟書		
逆		方壺	（違 兆域圖			侯馬盟書		
死		大鼎	（世）方壺			侯馬盟書		

附表2：《行氣玉銘》中「復」字形體形成邏輯流程表

字形源頭（殷商文字）		侯馬盟書							溫縣盟書		中山王圓壺	行氣玉銘
甲骨文		156：19	1：59（腹）	16：2	1：41		149：4					
	鬲比簋	92：9		200：66	3：17				WT1K17：131	WT1K17：129		
					85：5	85：2	1：61	探8②：1				

通過對照、及對比，其屬戰國時期和三晉物是明顯的。李運富先生進一步說：「其時代早於馬王堆漢墓帛書引導圖，是迄今所見時代最早的有關行氣原理和方法的古文字資料。」〔註4〕

〔註 4〕李運富，漢字學新論〔M〕，北京：北京師範大學出版社，2012：67。

第五章　《行氣玉銘》的功用探討

關於《行氣玉銘》的功用，諸家的觀點也不相同，主要有如下說法：

下季星

「珌」之爲器，究屬何物。余按《詩・小雅・瞻彼洛矣》:「鞞琫有珌」《毛傳》云:「鞞，容刀鞞也。琫，上飾；珌，下飾。天子玉琫而珧珌，諸侯璗琫而璆珌，大夫璙琫而鏐珌，士珕琫而珕珌。」以「琫」與「珌」，對待爲文，其義至明。孔疏云:「古之言鞞，猶今之言鞘。」按鞞一本作鞞，說文玉部　字下段氏注云:「鞞之方裨也，刀室，所以裨護刀者，漢人日削，俗作鞘。」又《大雅・公劍》「鞞琫容刀」，孔疏同云:「鞞者刀鞘之名，琫者鞘之上飾。」然則「珌」爲鞘之下飾，不言而喻矣。《前漢書・王莽傳》:「瑒琫瑒珌」。孟康曰:「佩刀之飾，上曰琫，下曰珌」，是琫珌之名，至漢猶存。按琫珌之說，《說文》《玉篇》則云「琫」爲佩刀下飾，「珌」爲佩刀上飾，參互比較，當仍以毛傳孔疏爲長。段注琫字下又云:「珌之言畢也，刀室之末，其飾曰珌」，所解至確。至琫之說，當從劉熙《釋名》,《釋兵》云:「室口之飾曰琫，琫，捧也，捧束口也。」段以爲刀本環飾則非。（見吳大瀓《古玉圖考》九十七頁）此器銘文，羅振玉氏即以之屬《吉金文存》，其爲金屬無可置疑。前傳所云琫珌之飾，惟璗〔註 1〕與鏐爲金屬。《爾雅・釋器》云:「黃金謂之璗，其美者謂之鏐。」郭璞注云:「鏐即紫磨金。」以琫珌之制言，則此劍或可能爲戰國時大夫之所佩帶，似又可得一推論。且以「珌」爲刀鞘下飾，則郭氏一切所懷疑之難點，均得藉此迎刃而解。

〔註 1〕《說文》玉部璗:「董之美者，與玉同色。」

刀劍珌之傳世者金屬頗罕見，積古阮氏嘗據江鄭堂本摹有周刀珌文二，〔註2〕自注云：「未見其器，不知何所質。」玉器則較多，若吳大澂《古玉圖考》所揭四圖是矣。〔註3〕第四圖注云：「白玉微帶黑暈，此刀珌之最大者。」〔註4〕其器略呈橢圓之截錐體，度其形體，約當此劍珌著文者三分之二有奇。或疑此器果屬劍鞘下飾，則其劍必長邁逾倫。愚按《考工記》「桃氏為劍」載「上制」（鄭注：長三尺）「中制」（鄭注：長二尺五寸）「下制」（鄭注：長二尺）之說，殆為春秋末戰國初時事，其後諸侯力征，豪門任俠，刀劍之制，長大逾恒。如《國策・齊策》引馮諼歌「長鋏歸來」，《楚辭・東皇太一》云：「撫長劍兮玉珥」，少司命云；「竦長劍兮擁幼艾」，《國殤》云：「帶長劍兮挾秦弓」，《涉江》云：「帶長鋏之陸離」。均足為戰國末期多用長劍之證。又如荊軻刺秦王「秦王驚，自引而起，袖絕。拔劍，劍長操其室。時惶急，劍堅，故不可立拔。……左右乃曰：『王負劍！』負劍，遂拔以擊荊軻。」（《史記・刺客列傳》）秦王佩劍之廣邁，於此不難想見，則是斯劍及劍珌之逾恒，容有說矣。

王　璧

「行氣」銘文的拓片曾早在半個世紀前就已影印刊出。但很長時間裏，原器物被私人收藏，秘不示人，故而鮮為人知。許多人實際上只知拓本銘文，卻不知原器為何物。以致有不少人以為這一器物早已失傳，無法見到了。即使是一些研究大家，多年來也只好以拓本為憑，對器物的用途做出各種臆斷。所以，錯誤也就難免了。

羅振玉在《三代吉金文存》中把這一器物的拓片題為「劍珌」，並誤以為該器是銅質的。〔註5〕郭沫若同志生前雖然曾多次專門撰文論證，但終未能得見實物。他在一篇專門論文中把該器斷為玉佩，也失之詳察。這一點本文在下面還將論及。現今臺灣學者那志良在最近所出的專著《玉器通釋》中，又沿襲舊人的錯誤，依據江夏黃濬《古玉圖錄初集》的拓片，意然將這一楞柱狀的玉器說成為十二片「玉片」，將它列入玉「簡冊」一類，稱為「小小的簡」。〔註6〕對於這一玉器用途的推則，還有另外一些說法，但大體如此。所以出現

〔註2〕見《積古齋鍾鼎彝器款識》卷八。
〔註3〕參吳大澂《古玉圖考》98～99頁。
〔註4〕同上99頁。
〔註5〕羅振玉：《三代吉金文存》卷二十，題劍瑟。
〔註6〕那志良：《玉器通釋》下冊。

以上衆多說法，究其原因，皆因不瞭解原物。當我們對這一玉器的面貌特徵詳細瞭解後，對它的用途就會有了一個比較接近實際的認識了。

該器古樸溫潤，製作技藝高超，鑽孔工藝精湛，拋光技術成熟，出現了所謂「玻璃光」。聯繫上面關於銘文書寫和行文規律的認識，將該器斷爲戰國時期的作品是有道理的。但這一器物形體特殊，在同一時期的傳世品和至今的考古發現中還很少能找到相似物，故而推斷它的用途也就較爲複雜些。羅振玉和于省吾先生將其指爲刀珌。依《說文》訓，珌 當爲「佩刀下飾」。從目前戰國、秦漢時期所見玉具劍飾來看，雖大小有異，但形體都有定制。在考古發掘中，玉王必出現較晚。目前所知最早實物爲河北少戰國中期中山國王墓出土的一件。漢代玉珌，與戰國時期玉珌 形制大同小異。而都與此器形狀相去甚遠，故指其爲刀珌或劍珌都是沒有任何憑據的。

郭沫若同志有兩篇專門介紹此件玉器的論文，但大都針對銘文而論，很少涉及器形用途，論文較早的一篇收在《天地玄黃》中；另一篇發表於一九七二年《考古》雜誌上。在後一篇文章中，郭沫若同志將該器直稱爲「行氣玉佩」。玉佩，做爲一種佩帶的裝飾，很早就出現了。而且名目種類繁多，甚至做爲禮器的璧、璜等也都可以稱做佩玉，也有 一般裝飾用的佩玉，如玉觿、玉環、玉玦，以及其他玉佩件。這些器件爲便於佩帶，所以都有穿孔。而且置於人身有一種美感，因此成爲那個時代人們的高級裝飾品。此件玉器，雖有穿孔，但做爲佩玉卻有許多不當之處。該器除銘文外別無紋飾，且笨重，器身唯一的穿孔又位於器的下部，如佩帶起來，則狀若是圖（見附錄二圖二）。從外觀上，十分不雅。繫孔佩帶後，上部朝下倒懸，所刻銘文也全部倒置。況且做爲一種普遍應用的佩帶裝飾品，至今尚未發現與之雷同的器物，是很奇怪的現象。

既然如此，那麼它的用途應該怎樣推測呢。根據器物本身外部光澤晶瑩，中空部頂端不透，而且內壁異常粗糙的情況推斷。它應當是用來做爲一個圓柱狀物體的外殼或裝飾物。用它套在某個圓柱狀物體上，內部粗糙面就不必外露，這就是爲什麼通體光滑潔淨而內壁粗糙的原因了。這個圓柱狀物粗細當與漢代鳩杖相似而高度又較低，當爲用於手握的杖，而這件玉器則應是杖首的玉飾。

《禮記》的成書年代大約在東漢時期，這是目前較爲一致的認識，它對研究戰國、秦漢時期各種禮制有著重要的史料價值，《禮記・曲禮上》記載「大夫七十而致事，若不得謝，則必賜之幾杖」。因此可以說，《禮記・王制》中也寫道：「五十杖於家，六十杖於鄉，七十杖於國，八十杖於朝；九十者天子欲問焉，則就其室」。可見當時人過五十則爲老者，六十後則受到鄉里普遍尊敬。對長者的尊敬，於禮來說，執杖則是一種主要形式。當時，人的壽命尚短，長壽者不多。少而貴之，敬之，執杖是一種受尊重的標誌。因爲杖的用途是重要的，所以才會有下杖首來相配。玉製杖首的使用於理是說得通的。由於用杖者少，今天考古發現不多也就不足爲怪了。再者，從銘文看，講行氣之法，養生之道，大多適用於老者。所以，這件帶有「行氣」銘文的玉器應做爲當時杖首玉飾更爲妥當。當然，目前尚缺乏實物例證，還需要在今後俟考古的新發現來做進一步的說明。

許國經

由此觀之，玉銘銘文的內容如果像郭說所理解的那樣，視爲「深呼吸的一個回合」，那未免估價過低；如果像聞說理解爲導引行氣的「守氣理論」，也來免失之過窄。筆者認爲應從古代氣功學史的角度來理解，它應是周身運行混元之氣，達到通天貫地、天地人合一的高層氣功態的氣功準則，是作爲當時的行氣養生的圭臬。它不僅高度概括了戰國時期氣功實踐和氣功理論的最高成就，而且包含有深刻的哲理。思義顧名，則此玉銘如果像前文所列各例命之日《玉刀珌》、《劍珌》或《玉祕銘》，不僅未標誌出「行氣」的特徵，而且歸在飾物之列，未免降低了品類；郭說所命之《行氣玉佩銘》，雖標誌出了「行氣」的特徵，但仍限於「珌佩」之類的飾品，難免給人一種衹是供裝飾用的「小擺設」的印象，同樣貶低了玉銘的身價。最好還是如陳氏所說，爲之正名爲《行氣玉銘》，則可謂名副其實了。

崔樂泉

行氣玉銘刻在一件隨身攜帶的玉佩上，現藏於天津歷史博物館。

郭沫若（二）

然行氣之術銘於「劍珌」，頗覺不慎倫類。珌者，《說文》以爲「佩刀下飾」，經余考證知即劍柄與劍身相接處（古人以爲「鐔」，今人以爲「劍格」。）之玉飾（見《金文叢考》169 頁），無隙可容四十餘字之長銘，是則原物是否爲「劍珌」，實屬疑問。

楊　琳

銘文的內容既如上析，那麼刻有此銘文的楞柱狀玉器是件什麼器物呢？皺安在《藝剩》中最先名爲刀珌，羅振玉《三代吉金文存》卷 20 目錄中題爲劍珌，郭沫若《古代文字之辯證的發展》一文中稱爲玉佩。陳邦懷認爲這些名稱「似乎都不妥當，究爲何物，還有待進一步研究」。結合銘文內容來考慮，我們認爲此器當爲男根的象徵物。男根古常稱爲「玉莖」。如《素女經》：「玉莖不動，則闢死其舍。」或徑稱爲玉。《十問》「曹熬之接陰治神氣之道」章：「長生之稽，偵用玉閉。」「玉閉」謂玉莖閉守精氣而不泄。此器玉質而杜狀，且銘刻「行氣」之文，故可視爲玉莖之象徵物。因此，此器宜稱作「行氣銘玉祖」，相應地銘文可名爲《玉祖行氣銘》。

至於其用途，郭沫若的佩飾說是可取的。它在古人那裡不僅是一種裝飾物，更是袪病延年的護身符。瑞士心理學家榮格（Jung）指出：在原始人眼裏「這種具有象徵意義的男性生殖器代表一種富有創造性的力量，它不僅能使人類生長繁殖，而且能夠使人恢復健康」。景頗族用地瓜做得男根驅鬼。泰國三角洲地區的幼兒皆佩戴一個木製的男根，有時栓一串，掛在腰間，作爲裝飾物和辟邪物。「行氣銘玉祖」與此同類。

趙　峰

關於此玉爲何物，歷來有不同的看法。黃濬將此銘義收錄於《古玉圖錄初集》，可見黃璿認爲這是塊玉佩銘。郭沫若在《古代文字之辯證的發展》（1972）一文中也名之爲行氣玉佩。羅振玉在《三代吉金文存》第二十卷目錄中題爲「劍珌四十字」，實際上有五字重文爲羅氏所疏漏，但郭沫若在《「行氣銘」釋文》末段的結論中說：「然行氣之術銘於『劍珌』，頗覺不甚倫類。珌者，《說文》以爲『佩刀下飾』經余考證知即劍柄與劍身相接處（古人以爲『鐔』，今人以爲『劍格』）之玉飾，無隙可容四十餘字之長銘，是則原物是否爲『劍珌』實屬疑問」。並曰：「今案刀鞘之上下不得有玉飾，何者，刀鞘之上常與劍鐔相觸，如有玉飾，則一觸即碎；刀鞘之下亦易與它物相觸，如有玉飾亦一觸即碎；此理之顯而易見者。」可見將之名爲「劍珌」也存在問題。另外鄒安在《藝剩》中名之爲「玉刀珌」等似乎都不妥當。但目前又有人認爲銘文是刻在一件玉杖首上，玉杖首是一個十二面的棱柱體，中空，頂端未透。此說還有待於進一步的證實。

趙松飛（一）

筆者認爲稱其爲「玉簡」，不僅不是錯誤，而是踏破鐵鞋無覓處的意外發現。它的功用實質正是柱狀體的十二面小玉簡冊。

筆者認爲此古玉不是殉葬品而出土的器物。它是古代內丹派有道之士，爲了將口口相傳的修煉秘訣流傳後世，耳巧妙地精製此物。所以在當代出土文物中沒有相同的發現。

葛洪在《抱朴子內篇・明本》中說：「金簡玉箚，神仙之經，至要之言，又多不書。登壇歃血，乃傳口訣，苟非其人，雖裂地連城，金璧滿堂，不妄以示人。夫指深歸遠，雖得其書而不師受，猶仰不見首，俯不知根，豈吾子所詳悉哉？」又在《勤求》章中說：「其至眞之決，或但口傳，或不過尋尺之素，在領帶之中，非隨師經久，累勤歷試者，不能得也。」

筆者認爲此古玉決非繫帶在袍服外面高貴而美觀的玉佩，也非手握的杖首，更非刀珌。而是暗繫在袍服內，秘不示人的「金簡玉箚」。是內丹修煉的「至要之言」和「至眞之決」。《抱朴子內篇》中多次提到了「行」和「行氣」，兩者是有原則區別的。

《抱朴子內篇・遐覽》列舉了許多道家經書，其中多已失傳了。其中有《行氣治病經》和《杜中經》。這「杜中」二字倒和這件杜形國寶寓意相同。那麼《行炁玉杜經》是否就是失傳的《杜中經》呢？筆者在此提出上述設想，並就教於方家。

李　戎

從前的說法，《行氣銘》是鐫在一個「玉佩」上的，是深呼吸的一個回合。健身氣功界認爲，這是一種有規律的調整深呼吸法，亦即今之順式呼吸法，屬於靜功的一種。

但是，也有學者對玉器本身及其銘文的含義提出了完全不同的如下觀點：

……玉器本無名稱，健身氣功界人士把它稱爲「行氣玉佩銘」，又稱「玉銘」和「行氣銘」。但天津博物館不同意這個名稱，因爲它不是佩在腰間的玉器，而是手杖把頭上的裝飾，因而他們將其定名爲「行氣銘玉杖飾」，另有學者定其爲「行氣玉杖首」。但宋書功先生認爲這樣定名仍不貼切，將其定爲「玉飾杖把行氣銘」。

宋先生認爲，銘文創作的年代既爲西元前 380 年左右，那麼上距老子去世 100 多年，下比講「食、色，性也」的孟子（西元前 372 一前 289 年）誕生早 8 年，比莊子（西元前 369 一前 386 年）早 11 年，正是道家學派繼承老子節欲寶精理論，努力探究養生之道的時期。因而，這是一篇房事交合術結合氣功的韻文。宋先生還指出，玉石是上古男根（男性性器官）的崇拜物（此說又爲劉達臨等性學學者所倡），玉器呈柱狀，更是男根的象徵。文中講了房事動作、交合的快感、男女的體位及弱入強出、固精不泄的方法，所以是一篇「很有價値的房事氣功的『手頭銘』」。

對於銘文究竟是不是房事氣功文獻，筆者在此不能下定論（或許宋先生所言有據），只要將其文字識準。訓詁確當，證據充分，研究心得一代一代積累，相信後世的學者是不難破解的。

按：迄今爲止，對《行氣玉銘》的功用，很多學者都懷著極大的興趣，對其進行了廣泛深入的探討，但是說法不一，各持己見。目前，對於《行氣玉銘》的功用主要有四種意見：

一：玉珌說。一些專家認爲此玉件是流行於戰國時期的玉珌（bì），即是一種安在劍鞘尾端的玉製品。在上世紀三十年代，它曾被命名爲《玉刀珌》，影印在《藝賸（「剩」字的繁體）》裏。國學大師甲骨文學者羅振玉又將其命名爲《劍珌》，並將拓文載於他所編撰的《三代吉金文庫》中。上世紀四十年代，學者聞一多也在他的《神話與詩》一書中，論及古代導引行氣時，特別提到此文物，並將它命名爲《玉珌銘》。

二、佩玉說。而有的專家認爲此文物是用於裝飾的佩玉。上世紀五十年代初，經郭沫若考證，判定此玉爲戰國初期的玉石製品，將其定名爲《行氣玉佩銘》，並將銘文的內容做了釋述。目前，天津博物館內對此文物的說明，也是採用郭沫若的釋述。

三、裝飾器物說。除此以外，原天津博物館保管部主任、深圳博物館原館長、文博考古專家王璧則有不同意見。他認爲此文物是一件杖首的裝飾器物。「根據器物本身外部光澤晶瑩，中空部頂端不透，而且內壁異常粗糙的情況推斷，它應當是用作一個圓柱狀物體的外殼或裝飾物。用它套在某個圓柱狀物體上，內部粗糙面就不必外露，這就是爲什麼通體光滑潔淨而內壁粗糙的原因。」從銘文看，講行氣之法，養生之道，大多適用於老者。所以，王璧認爲這件帶有「行氣」銘文的玉器，作爲當時杖首的玉飾更爲妥當。

王璧對玉珌和玉佩的觀點予以了反駁，他認爲，「漢代玉珌與戰國時期玉珌形制大同小異，而都與此器形狀相去甚遠，故指其爲刀珌或劍珌都是沒有任何憑據的。」而作爲玉佩，很早就已出現，玉佩要求美觀、便於佩帶，所以都有穿孔。而此件玉器，雖有穿孔，但笨重、穿孔又位於器的下部。「繫孔佩帶後，上部朝下倒懸，所刻銘文也全部倒置，看上去不雅（見附錄二圖二）。」美觀的玉佩，字體怎又會朝下呢？

四、圖騰崇拜物說。目前，對於此玉器的功用的說法還有很多，甚至有人認爲（如宋書功先生），玉石是上古男性生殖器的崇拜物，此銘文正是一篇介紹房事交合術的「手頭銘」。各種說法都有一定的道理，但又都缺乏例證，《行氣銘》的功用也成爲古玉的一大謎點。

筆者認爲王璧先生說法爲是。王先生言之有據，筆者補充一點：《行氣玉銘》記載的是行氣的方法和原理，其時代早於馬王堆漢墓帛書導引圖，是迄今所見時代最早的有關行氣原理和方法方面的古文字資料，這同時也表明在戰國時代氣功功法確已達到相當高的水平。現實生活中，講行氣之法，養生之道，大多適用於老者。所以，王璧認爲這件帶有「行氣」銘文的玉器，作爲當時杖首的玉飾的說法，筆者認爲更爲妥貼。

第六章　總　結

《行氣玉銘》是西元前5世紀末至4世紀初一件反映氣功歷史的珍貴文物，也是迄今爲止最早且完整描述氣功鍛煉的實物，在這一中空但未透頂的十二面體玉製飾物上，刻有四十五個銘文。刀法嫺熟，文字精工，堪稱書法作品中的上乘之作。

《行氣玉銘》字數雖少，其文字學價值仍不可忽視。因爲它是刻在玉器上，內容極爲重要，是戰國玉石文字最重要的資料之一。例如銘文中的[illegible]等古文奇字，豐富了人們對戰國時期古文字的認識。

《行氣玉銘》銘文字體方正規整，與韓國銅器《驫羌鍾》銘文風格十分相近，當出晚周三晉人之手。玉銘記載行氣的方法和原理，其時代早於馬王堆漢墓帛書導引圖，是迄今所見時代最早的有關行氣原理和方法方面的古文字資料。這同時也表明在戰國時代氣功功法確已達到相當高的水平。

對《行氣玉銘》的功用，諸家說法不一，各持己見。但筆者認爲作爲當時杖首的玉飾的說法更爲妥貼。

在縱觀諸家觀點的基礎上，筆者就部分有爭議的地方也一抒拙見。在按語部分，筆者對各家的觀點進行評述，並提出自己的看法，例如舊釋爲「適」的字，我們認爲應該讀爲「撤」，訓爲撤回。

總之，行氣銘文是迄今爲止戰國時期玉器中不可多得的精品，它不僅有精湛的製作技巧，而且那俊秀的篆書銘文，以及優美流暢的文體，也都是歷代古玉文字中首屈一指的。銘文內，記述了行氣的要領，在我國古代文獻中，如《莊子・刻意篇》就曾有「吹呴呼吸，吐故納新」的記載。現在這一稀世之寶再一次雄辨地證明了，我國是發明氣功最早的國家，從而批駁了「氣功最早源出於東南亞一帶，而後傳入中國」這一缺乏實證的無稽之談。至於這種運用氣功達到身體通達、養生長壽目的的古代醫學理論，則更是證明我國古代醫學成就的不可多得的文字記載。此外，從器物用途上也可以使我們進一步瞭解當時的社會風尚，這對研究封建社會初期的禮制，提供了又一個可貴的實物資料。

參考文獻

1. 王季星，行氣[illegible]劍珌銘文考釋〔A〕。學原·第二卷〔C〕，北京：學原社編輯、商務印書館總經銷，民國三十七年七月（1948 年 7 月）：46～52。
2. 陳世輝，玉飾銘和氣功療法〔N〕，光明日報，1961-11-21（4）。
3. 張光裕，玉刀珌銘補說〔A〕，中國文字·第十二卷〔C〕，臺北：國立臺灣大學文學院中國文學系編印，1967～1974：5743～5752。
4. 毛良，《行氣玉佩銘》及其釋文的討論〔M〕，中華醫史雜誌，1982（2）：121～123。
5. 沈壽，《行氣玉佩銘》淺釋〔M〕，廣州：武林，1982（4）：32～33。
6. 陳邦懷，戰國《行氣玉銘》考釋〔A〕，古文字研究·第七輯〔C〕，北京：中華書局，1982（6）：187～192。
7. 聞一多，聞一多全集·神話與詩〔M〕，北京：生活·讀書·新知三聯書店，1982（8）：164～167。
8. 王壁，關於「行氣」銘文玉杖飾的幾點看法〔J〕，天津歷史博物館·創刊號館刊，1986（12）：86～88。
9. 許國經，《行氣玉銘》銘文新探〔J〕，武昌：湖北大學學報，1989（1）：19～22。
10. 林志強，戰國玉石文字研究述評〔J〕，廣州：中山大學研究生學刊，1990（4）：42 ～47。
11. 崔樂泉，行氣玉銘－兩千多年前的「導引」論述〔N〕，北京：中國文物報，1991-9-8（2）。
12. 郭沫若，古代文字之辯證的發展〔A〕，郭沫若全集·考古編·第十卷〔C〕，北京：科學出版社，1992（10）：94～95。
13. 郭沫若，行氣銘釋文〔A〕，郭沫若全集·考古編·第十卷〔C〕，北京：

科學出版社，1992（10）：167～171。

14. 郝勤，導引行氣的源與流〔J〕，文史知識，北京：中華書局，1993（8）：19～25。
15. 欒祖光，中國古代養生保健和古希臘養生法的比較〔J〕，文史知識，北京：中華書局，1993（8）：99～104。
16. 饒宗頤，劍珌行氣銘與漢簡《引書》〔J〕，中華文史論叢·第51輯，上海：上海古籍出版社，1993（8）：227～231。
17. 湯余惠，行氣玉銘〔A〕，戰國銘文選〔C〕，長春：吉林大學出版社，1993（9）：193～195。
18. 楊琳，中國古代雕刻作品析疑二則〔J〕，長春：社會科學戰線，1995（5）：240～248。
19. 趙峰，「行氣玉銘」考釋〔J〕，福建寧德：寧德師專學報，1998（2）：30～32。
20. 于省吾，雙劍誃吉金文選〔M〕，北京：中華書局，1998（5）：385～386。
21. 何琳儀，戰國古文字典——戰國文字聲系〔M〕，北京：中華書局，1998（9）。
22. 趙松飛，《行氣玉佩銘》新解〔J〕，北京：中國氣功科學，1999（8）：39～41。
23. 趙松飛，《行氣玉柱經》文字考釋〔J〕，北京：中國氣功科學，2000（12）：24～25。
24. 陳可冀、程士德等，中國養生文獻全書（第1卷）〔M〕，蘭州：甘肅人民出版社，2000：111。
25. 李戎，戰國玉杖首《行氣銘》集考及其銘文新釋〔J〕，上海：醫古文知識，2001（1）：27～28。
26. 孫啓明，也談戰國玉杖首《行氣銘》〔J〕，上海：醫古文知識，2001（2）：22～24。
27. 孫啓明，《行氣銘》與《十問》等的相關研究〔J〕，上海：醫古文知識，2001（3）：34～36。
28. 孫啓明，《行氣銘》古文字研究〔J〕，上海：醫古文知識，2001（4）：32～35。
29. 何新，諸神的起源〔A〕，何新古經新解系列·第五卷〔C〕，北京：時事出版社，2002（1）：185～186。
30. 尤仁德，古代玉器通論〔M〕，北京：紫禁城出版社，2002.02：1～367。
31. 呂利平、周毅，從《導引圖》等文物看中華養生文化〔J〕，安徽安慶：安慶師範學院學報，2003（3）：98～99。

32. 呂利平、郭成傑，清輝四轍的中華養生文化——從《行氣玉佩銘》、《導引圖》和《引書》談起〔J〕，北京：北京體育大學學報，2004（2）：177～179。

33. 沈寶春，戰國行氣玉器的用途與銘文性質價議〔A〕，古文字研究・第二十六輯〔C〕，北京：中華書局，2006.11：396～400。

34. 林書立，行氣玉佩銘闡釋（上）〔J〕，河北秦皇島：現代養生，2008（7）：14～15。

35. 林書立，行氣玉佩銘闡釋（中）〔J〕，河北秦皇島：現代養生，2008（8）：19～20。

36. 林書立，行氣玉佩銘闡釋（下）〔J〕，河北秦皇島：現代養生，2008（9）：13。

37. 宋書功，戰國時期房中學著作行氣銘玉杖飾〔J〕，北京：中國性科學，2009（5）：40～41。

38. 尹志強，晉系玉石文獻辭彙研究〔M〕，福州：福建師範大學碩士學位論文，2010：10～16。

39. 黃耀明，《行氣玉銘》釋義集評及新解〔J〕，勵耘學刊（第十二輯），北京：學苑出版社，2010：94~122。

40. 李運富，漢字學新論〔M〕，北京：北京師範大學出版社，2012：67。

附　錄

一、釋字索引

二、圖　表

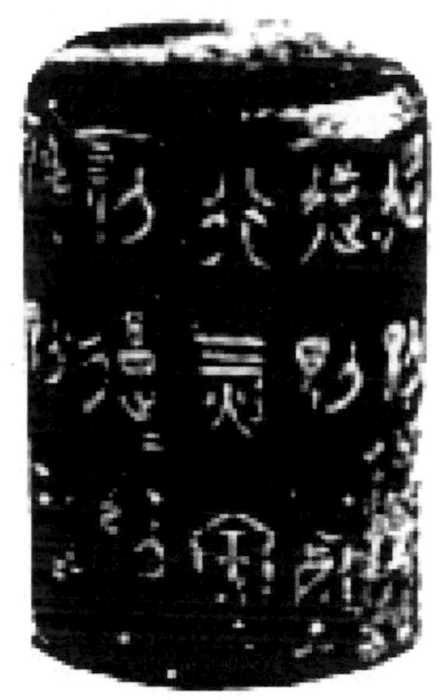

圖一

圖二

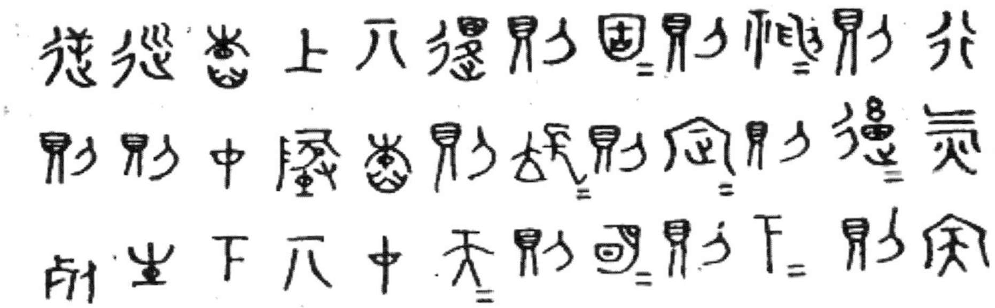

圖三

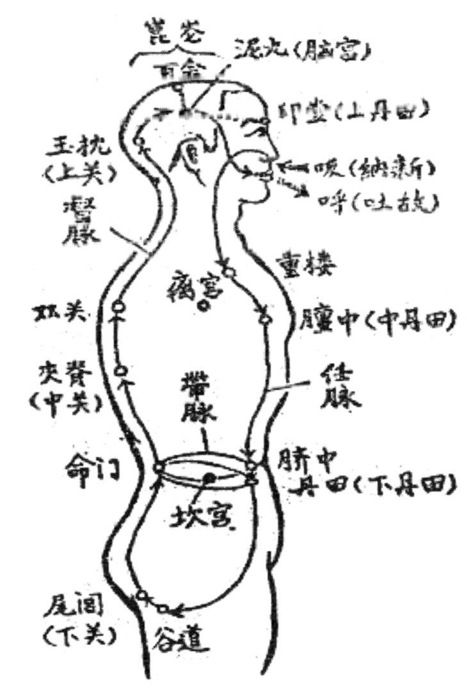

附图：吐故纳新过程中内气在任、督两脉中的循行线路示意。

圖四

（注：筆者不完全同意這一路徑，筆者認爲眞氣運行的路徑爲：鼻——頭頂——鼻——腹——丹田——頭頂）

三、發表的相關學術論文

（一）甲金文修辭例釋

摘　要

商周的甲骨文和金文中，運用了多種多樣的修辭格，並有對修辭的詳細論述。所以商周應是中國修辭思想的萌芽期。

關鍵字：修辭格；修辭思想；修辭萌芽期

在商代後期的文字——甲骨文和金文中，積澱著相當豐富的修辭實例。具體說，它包括兩方面內容：第一，指商周時代的人們爲提高書面語言表達效果，運用了各種修辭手段及修辭方式的言語修辭實例，即修辭格的運用；第二，指談論修辭效果或抒發對修辭的看法和意見的言語修辭實例，即修辭的論述。本文擬從甲金文這個修辭寶庫中摘取一些修辭言語實例進行分析。

1　修辭格的運用

1.1　修辭格

甲金文的修辭格多種多樣，這兒只講最常見的方式。其中譬喻、排比、反復、設問等本文第二部分將要論及到，此不贅述。

1.1.1　轉類

例 1：乙巳卜：今日不雨？乙卯貞：王往畋，不雨？茲雨？茲雨？不雨？（卜辭通纂第 383 片）

例 1 中的「雨」，本是名詞，但在此爲動詞。「不雨」即不下雨之意，「雨」前加否定副詞「不」，可見句中的「雨」是名詞轉類爲動詞無疑。「茲雨」即此時有雨，「雨」前有時間副詞「茲」修飾，可見也轉類爲動詞。這是一組貞旬卜辭。「茲」，此時之意，這裏指今日。本段大意爲：乙巳日占卜，（貞人問）：今日不下雨嗎？十天後的乙卯日占卜，（貞人問）：王出外狩獵，今日不下雨嗎？有雨嗎？今日有雨嗎？不下雨嗎？王出外狩獵，貞人從正反兩方面各占卜了兩次，足見對此事的重視。

例 2：小子滹固先祖烈德，用臣皇辟。（師𩛥 鼎銘）

例 2 中的「小子」，是自我謙稱；「滹」爲人名；「皇辟」是天子的意思。「臣」後接了賓語。「皇辟」，可見句中的「臣」是名詞轉類爲動詞無疑。原句意爲：我一定努力鞏固先祖的顯德，來臣事於天子。

1.1.2　代稱

例 3：武征商，唯甲子朝，歲貞，克昏，夙有商。（利簋）

例 3 中「昏」本是形容詞「昏庸」的意思，這裏用作名詞，是商紂王的代稱，用人的品性來代替這個人。這樣可以引人聯想，使表達收到形象突出、特點鮮明、具體生動的效果。原句意爲：武王征伐商，在甲子那天早晨，舉行了歲祭和貞卜，貞卜的結果是定能戰勝昏紂，結果很快地打敗了商王朝。

1.1.3　對偶

例 4：丕顯王作省，丕肆王作庸。（聯簋）

例 4 中「省」可作察視、觀察之義；「肆」在此處應以展放之義爲是；「庸」泛指功績。這句話的大意應是：顯赫的武王以文王的品德爲榜樣，偉大而開放的武王更作出了功績。

例 5：甲申，明公用牲於京宮。乙酉，（明公）用牲於康宮。（作冊令矢方彝）

例 5 中「用牲」就是用整個的牛來進行祭祀。這個祭祀典禮的儀式是在甲申這天與第二天的乙酉日，分別在京宮和康宮裏進行的。

以上兩句，從形式上看，音節整齊勻稱，節律感強；從內容上看，凝練集中，概括力強。對偶，正因爲有鮮明的民族特點和特有的表現力，便於記誦，因而在敘事、抒情、議論等甲金文中廣泛使用。

1.1.4 選詞

例 6：小子滹固先祖烈德，用臣皇辟；伯亦克禁固先祖撼德，用保王身。（師𩛥 鼎銘）

例 6 中「德」，是周人特有的一種倫理道德觀念；「烈、鼓」是形容詞，意義分別是：列，顯也；璐，美也。原句意爲：我一定努力鞏固先祖的顯德，來臣事於天子；伯太師也能努力鞏固先祖的美德，以安天子之身。這兩個讚美之詞用得極有分寸，既注意了對象的不同，也注意了語氣的輕重。「皇辟」

與「王身」，則可說同義，顯然是為了使文章有變化。

1.1.5 疊字

例 7：穆穆濟濟，嚴敬不敢怠荒。（中山王譽壺）

例 7 中「穆穆，濟濟」，皆重言形況字。《詩經・大雅・文王》：「穆穆文王」，毛傳：「穆穆美也。」《廣雅・釋訓》：「濟濟，敬也。」「怠」，惰也。「荒」，假為煌。原句意為：（相邦）恭恭敬敬，嚴肅得一點不敢脫懶。文中用詞語重疊來加強語義深度。

甲金文中，其他疊字常見的還有：趄 趄 （威武）；㔐㔐（強健）；倉倉悤悤（狀鐘聲之和美）；豐豐臭臭（豐盛）；它它熙熙（無期無疆）。

1.1.6 敬謙

例 8：班拜稽首，曰：「嗚呼！不杯丮皇公，受京宗懿釐……文王孫亡弗懷型，亡克競厥烈。」（班簋）

例 8 中「稽首」，是拜頭至地之意；「不」，通「丕」，大也；「杯」，是大大之意；「丮」，同「極」，《爾雅・釋詁》：「極，至也。」「不杯丮」，即大十大大十極大=非常偉大的意思。楊樹達先生說：「不杯丮為讚美之辭」。〔註 1〕連用三個形容詞來「抒發」對「皇公」這一表謙敬修辭現象的看法。可見，這是個很典型的修辭思想的言語實例。句中的「皇公」指已故去的毛公，「皇」是尊稱。「皇公」用的是謙敬修辭格。「京宗」：即大宗，是指周王宗室。「懿」，美，美好；「釐」，福，福佑；「懿釐」，是美好的福佑之意。「文王孫」，泛指文王的後代子孫。「懷」是思慕懷念之意。「型」，典型、楷模之意，這裏指效法、以之為典型的意思。「克」，能夠。「競」，競爭、爭勝。「厥」，代詞，相當於「其」，可譯為「他」。「烈」，這裏當顯赫的功業講。這一段銘文譯為現代漢語是：班拜手稽首，然後說：啊！非常偉大的皇公，承受到周王宗室美好的福佑。……文王子孫沒有人不思念並以他為學習的楷模，沒有人能同他顯赫的功業相媲美。

例 9：余小子肇嗣先王。（五祀㝬鐘）

例 10：小臣作尊鼎。（小臣鼎）

例 9 中「小子」，例 10 中「小臣」皆為自謙的詞語。例 9 原句意為：小

〔註 1〕楊樹達・積微居金文說（第二版）〔M〕・臺北：臺灣大通書局，1974：255。

人我開始繼承先王的功業。例 10 原句意爲：小人我鑄祭祀的鼎。

1.1.7 省略

（1）省略主語

例 11：辛未，王在闌師，□□賜有司利金，□□用作檀公寶尊彝。（利簋）

例 11 省略兩個主語，都是承上省。第一個主語比較好瞭解，應是王。第二個主語容易發生誤解，但從上文文意來推敲，應是利。原句意爲：辛未那天，武王在闌師，把銅賞給了一個叫利的有司（官員），利用來爲已故的檀公做寶器。

（2）省略謂語

例 12：丙寅卜，叀馬小臣□□？叀戍馬冒乎？（殷契粹編第 1156 片）

例 12 省略了謂語，是蒙後省略了動詞「乎」。「乎」，命令之意；「叀」，語氣詞；「馬小臣」：官職名，是主管馬政的小臣，常參與軍事行動。「叀馬小臣乎？」是賓語前置句，有語氣詞「叀」爲標記。「戍馬」，官職名，蓋以指揮戍守車馬而得名。「冒」，字不識，當爲該戍馬的私名。原句意爲：丙寅日占卜，是命令馬小臣呢？還是命令戍馬冒呢？

（3）省略賓語

例 13：乙亥，王有大禮，王同三方□□。（聯簋）

例 13 省略了賓語中心語「諸侯」。「同」，召集的意思；「三方」，此時周都（鎬京，今陝西西安西南）在西土，只召集東、南、北三方諸侯，所以故爲此說。原句意爲：乙亥這天，武王舉行了大的典禮，王會見了東南北三方的諸侯。

（4）省略兼語

例 14：貞：乎□□追宰，及？（卜辭通纂第 483 片）

例 14 省略了兼語。原句意爲：宰（奴隸）有逃亡之事，貞人行問：命令□□追捕之，能趕上嗎？在當時特定的語言環境中，被省略的兼語應該是清楚的。

（5）省略次要成分

例 15：庚子卜，爭貞：西吏旨亡禍？叶。庚子卜，爭貞：西吏旨其有禍？

□□，□□貞：西吏旨亡禍？

□□，□□：西吏旨其有禍？（甲骨文合集第 5637 片）

例 15 第一、二條卜辭、敘辭、命辭、占辭齊全，第三、四條各條逐漸簡省，第四條既省略了狀語又省略了主語。「西吏」，官職名；「旨」，私名；「叶」，通「協」，他辭多稱「協王事」，言協理王事，此單稱「協」者，乃「協王事」之省，在此是占辭，即察看卜兆後所作出的判斷。原文譯爲現代漢語爲：庚子日占卜，貞人爭問：西吏旨沒有禍殃吧？……（察看卜兆後作出判斷）他會協理王事。庚子日占卜，貞人爭問：西吏旨會有禍殃嗎？問：西吏旨沒有禍殃吧？……（問）西吏旨會有禍殃嗎？

爲問西吏旨有無禍殃、能否協理王事，貞人爭從正反兩方面各占卜了兩次，足見對此人的關心。由此可以推知，西吏旨當爲武丁時重臣。

1.2　修辭格的綜合運用

商周的甲金文中，有時在一句或一段話裏，同時使用幾種辭格，這就是多種修辭格綜合運用。修辭格綜合運用可以收到幾重修辭效果。綜合運用，常見的有連用、兼用、套用三種。

1.2.1　修辭格的連用

例 16：癸卯卜：今日雨？其自西來雨？其自東來雨？其自北來雨？其自南來雨？（卜辭通纂第 375 片）

例 16 是異類修辭格轉類、排比的連用。「今日雨」中的「雨」屬名詞用爲動詞，是轉類修辭格。其後四句中的「雨」屬名詞，用「其自」爲標誌構成疑問句的排比。原句意爲：癸卯日占卜，（問）：今天下雨嗎？雨從西邊來嗎？雨從東邊來嗎？雨從北邊來嗎？雨從南邊來嗎？可見，把具有不同修辭效果的修辭格前後配合，互補互襯，使卜問者的緊迫與誠懇的感情得到了進一步的強調。

1.2.2　修辭格的兼用

例 17：上逆於天，下不順於人焉。（中山王𰯌壺）

例 18：唯逆生禍，唯順生福。（中山王𰯌壺）

例 17 是類比和對偶兼用，例 18 是對比和對偶兼用。例 17 意爲：在上違背了天意，在下不順應民心。例 18 意爲：違背了天意和民心就會產生禍端，順應天意和民心就會釀造幸福。

恰當地運用兼格，可以使表達形式和思想內容雙管齊下、兼取並得，從而從多方面爲文章的表達增添文采和力量。儘管例 17、例 18 還屬於較原始的消極修辭手法，應該說是開創了後世文學作品中使用該修辭格的先河。

1.3　修辭格的套用

例 19：經緯四方，搏伐玁狁。（虢季子白盤）

例 19 是對偶中套用了譬喻。整個句子是對偶，第一個單句「經緯四方」是譬喻，構成第二個層次。「經」指織物的縱線，「緯」是織物的橫線，這裏把經營天下比喻成像織布一樣有條不紊；「玁狁」，西周時期活動於西北地區的部族。原句意爲：（子白）對內像織布一樣經營著天下，對外進擊征伐玁狁。

套用的修辭效果是：幾個辭格互相配合，使大辭格有所借助，小辭格有所依託，大中有變，變化層出，從而加強了表達效果。

2　修辭的論述

從上面引述寓於甲金文中運用修辭格的言語實例來看，商周時代的先民們，就已經懂得在口頭和書面交際過程中，運用語言和非語言符號來獲取最佳表達效果這一最基本的修辭思想了。不僅如此，他們還有從辭的本身論修辭，以及談論如何運用修辭格和修辭技巧。

例 20：嗚呼，允哉若言！明刻之于壺而時觀焉。（中山王嚳壺）

例 20 中「允哉」，是果眞不錯啊的意思；「若」，指示代詞，當這、這些講。原句意爲：嗚呼，這些話果眞不錯啊，我將把它們明白清楚地刻在壺上，而時時觀看。這是從辭的內容及辭語的表達效果論修辭的言語修辭實例。

例 21：包乃多辭，不用先王。（牧簋）

例 21 中「包」通浮，當浮言講，「包」之所以通浮，因在上古，兩字音相近，同在幽韻；包幫母，俘旁母，聲母相近。「乃」，連詞，相當於而。「包乃多辭」，意爲浮華不實而又囉唆。「不用先王」，意爲不按照先王理重於辭的風範。這很顯然是作者對這種修辭現象表示不以爲然的感慨或評語。

上述的修辭手法，還保留在同時代的其他文字載體中，例如：戰國三晉的玉器《行氣玉銘》：「行氣，顚則撤，＝則伸，＝則下，＝則定，＝則固，＝則萌，＝則長，＝則退，＝則天。＝其本在上，墜其本在下。順則生，逆則死」，這裏的銘文就運用了多種修辭手法。

上面論釋的 21 例，是甲金文中反映先民們在交際過程中，主觀上爲取得最佳表達效果而運用語言符號進行思維活動所產生的結果。「語言是思想的直接現實」（馬克思、恩格斯《德意志意識形態》），所以，「中國修辭思想的萌芽期確實不能論定在先秦時代，而應該論定爲商周的甲金文時代」。〔註 2〕（現存先秦史料中，雖有不少比甲金文水準更高的手法，但因這些史料往往是輾轉相傳，並經後人加工才成爲今天模樣的，遠比不上地下出土的材料更爲翔實、準確、可靠。）這是有充分的言語實例作根據的，因而，也是完全符合中國修辭思想發展的客觀實際的。

（發表於：《宿州學院學報》2005 年第 2 期）

〔註 2〕 胡性初・甲金文修辭思想例釋〔J〕・上海：修辭學習，1997，(5)：33。

（二）《行氣玉銘》古文字研究述評及新解

行氣玉銘，又稱劍珌、刀珌、玉刀珌，原玉舊藏合肥李木公家（李鴻章後代），今歸天津市文物管理處，珍藏在天津歷史博物館。

行氣玉銘是一件堪稱國寶的古代玉器。此古玉爲十二面棱的柱狀體，重118克，通高52毫米，柱徑爲34毫米，下部有直徑24毫米的中空內孔，頂端未穿透，中空內壁鑿痕明顯，十分粗糙；在十二個面楞上，每面刻有三個古文字，在古文「死」字上面有一個直徑 3 毫米的穿孔與中空內孔相通：通體外部拋光，晶瑩光滑。除古文字外，沒有刻任何花紋裝飾圖案。

60年來，許多專家學者，如羅振玉、聞一多、王壁、郭沫若、于省吾、何琳儀等先生，都存懷極大的興趣，對它的各方面進行了廣泛深入的研究。英國李約瑟《中國古代科學思想史》、臺灣學者那志良的《玉器通釋》也對它有所探討。但是說法不一，各持己見。諸家的分歧主要集中在銘文考釋上。

1. 文字考釋

行氣玉銘全部銘文共四十五字，其中有九字重文（八處有重文符號，一處重文符號漏刻，「[illegible]」字下側理應有重文符號，而古人沒有刻）：三十六字中，其中「[illegible]」字有十一個，「下」、「[illegible]」、「[illegible]」、「中」四個字各有兩個，因此只有二十二個單字。銘義考釋中，沒有疑義的有「[illegible]」、「[illegible]」、「下」、「[illegible]」、「[illegible]」、「[illegible]」、「[illegible]」、「[illegible]」、「[illegible]」、「[illegible]」等字；諸家的分歧主要集中在以下諸字上：

（1）「[illegible]」

有釋爲「完」（王季星）〔註1〕、「居」（陳世輝）〔註2〕、「軍」（張光裕：爲軍之古文「冥」，讀如渾，假借爲混）〔註3〕、「吞」（陳邦懷等）〔註4〕、「實」

〔註 1〕王季星，行氣[illegible]劍珌銘文考釋〔A〕，學原・第二卷〔C〕，北京：學原社編輯、商務印書館總經銷，民國三十七年七月（1948 年 7 月）：46～52。

〔註 2〕陳世輝，玉飾銘和氣功療法〔N〕，光明日報，1961-11-21（4）。

〔註 3〕張光裕，玉刀珌銘補說〔A〕，中國文字・第十二卷〔C〕，臺北：國立臺灣大學文學院中國文學系編印，1967～1974：5743～5752。

〔註 4〕陳邦懷，戰國《行氣玉銘》考釋〔A〕，古文字研究・第七輯〔C〕，北京：中華書局，1982（6）：187～192。

（許國經）〔註 5〕、「聞」（郭沫若）〔註 6〕、「天」（饒宗頤：讀為鎮〔註 7〕；湯余惠：讀為呑〔註 8〕）、「探」（楊琳）〔註 9〕、「罙」（孫啓明）〔註 10〕等。

筆者認為考釋該字的關鍵在：一是上部是「宀」還是「冖」，一是下部是「夭」還是「天」，筆者認為何琳儀先生釋法「此字從宀從天」，讀顚，頂也，至確。《說文》：「顚，頂也。從頁，眞聲。」古訓為頭頂，《詩經・秦瓦・車鄰》：「有馬白顚。」〔註 11〕《墨子・修身》：「華髮隳顚。」《墨子・間詁》：「隳顚，即禿頂。」〔註 12〕依銘文句意，「顚」是名詞活用為動詞，指體內眞氣到達頭頂。

（2）「[illegible]」

諸位先生皆將「[illegible]」隸定為「適」，但讀法上有差異：有「畜」（于省吾〔註 13〕、何琳儀）、「蓄」（王季星、張光裕、郭沫若）、「搐」（楊琳、孫啓明）等三種說法。

從字形看，將「[illegible]」隸定為「適」，可從。但是否讀作「畜」「蓄」「搐」，可疑。筆者認為此字當讀為「撤」。

郭店楚墓竹簡《老子》甲 27 簡有字作「[illegible]」，今本相對的字作「挫」，關於此字，黃德寬、徐在國二位先生考釋如下：「老甲 27 有字作[illegible]，原書隸作『副』……《汗簡・手部》『撤』字作[illegible]，《古文四聲韻・薛韻》引（古老子）『轍』字作[illegible]。黃錫全先生《汗簡注釋》415 頁說：『搐撤雙聲。此假搐為撤。』其說可從。撤字占音屬透紐元部，挫字屬精紐歌部，挫撤古音近。」〔註 14〕二位先生的考釋可從。郭店簡「[illegible]」，隸作「副」，讀「撤」。《汗簡・手部》「撤」

〔註 5〕許國經，《行氣玉銘》銘文新探〔J〕，武昌：湖北大學學報，1989（1）：19～22。

〔註 6〕郭沫若，行氣銘釋文〔A〕，郭沫若全集・考古編・第十卷〔C〕，北京：科學出版社，1992（10）：167～171。

〔註 7〕饒宗頤，劍珌行氣銘與漢簡《引書》〔J〕，中華文史論叢・第 51 輯，上海：上海古籍出版社，1993（8）：227～231。

〔註 8〕湯余惠，行氣玉銘〔A〕，戰國銘文選〔C〕，長春：吉林大學出版社，1993（9）：193～195。

〔註 9〕楊琳，中國古代雕刻作品析疑二則〔J〕，長春：社會科學戰線，1995（5）：240～248。

〔註 10〕孫啓明，也談戰國玉杖首《行氣銘》〔J〕，上海：醫古文知識，2001（2）：22～24。

〔註 11〕褚斌武，詩經全注〔M〕，北京：人民文學出版社，1999：132。

〔註 12〕孫詒讓，墨子閒詁〔M〕，北京：中華書局，2001：9~10。

〔註 13〕于省吾，雙劍誃吉金文選〔M〕，北京：中華書局，1998：385-386。

〔註 14〕黃德寬、徐在國，郭店楚簡文字考釋〔A〕，吉林大學古籍整理研究所建所十五週年紀念文集〔C〕，長春：吉大學出版社，1998：100。

字作[古文字]，[古文字]字隸作播（依黃錫全先生說）。《古文四聲韻・薛韻》引《古老子》「轍」字作[古文字]，隸作播。「[古文字]」字右旁與「[古文字]」的左旁，[古文字]、[古文字]的右旁形同或形近。因此，我們懷疑應讀爲「撤」；「撤」字古或訓爲「撤回、撤退」。《秦律一○》：「稿𢿱木薦。按：『徹』，同撤……𢿱謂除去。若禮之有司徹，客徹重席。詩之徹我牆屋。其字皆當作𢿱，不訓通也。或作撤，乃𢿱之俗也。」〔註15〕「𢿱亦作撤。《論語》『不𢿱姜食。』孔注：去也。皇疏：除去。」〔註16〕銘文「則」讀爲「巔則撤」，指體內眞氣到達頭頂後又退回原路，「撤」與後面的「退」字前後呼應，表示運氣的一個回合。於文意十分順適。

（3）「[古文字]」

目前學術界的釋法主要有以下幾種意見：

①釋「舂」（郭沫若等）。

②釋「椿」（陳世輝）。

③釋「本、臼」（趙松飛〔註17〕）。

④釋「本」（王季星、張光裕、陳邦懷等先生認爲此字與本字說文古文「[古文字]」相比較，「[古文字]」與「[古文字]」頗相類，故爲同一字。何琳儀先生認爲此字從臼、本聲，讀本）。

筆者認爲此字從本從臼，直接釋爲「本」。（說文）木部：木下曰本，從木，一在其下。徐鍇曰：「一，記其處也。」又別出古文。短畫「一」之變而爲「[古文字]」者，在本文中即不乏例證；如墜字下土之作[古文字]，生字之作[古文字]均是；準此知[古文字]之爲本，無可眞疑。《說文》臼部：「舂也。古者掘地爲臼，其後穿木石。象形。」戰國文字之中存在大量的繁化現象，而下邊所從之臼，也可以認爲是增繁標義偏旁（它分爲象形標義、會意標義、形聲標義二種），此爲象形標義，是在象形字的基礎上增加一個形符（此字在「本」字這一原有的形符基礎上再增加一個形符）「臼」），目的是突出該象形字的屬性、特點。象形標義所新造的繁化字意義不大，因爲象形字的形體已經能夠勝任其表意功能。類似的還有氣、丘、倉、戈、鬲、鼎、牙等字。〔註18〕

〔註15〕陳振裕、劉信芳，睡虎地秦簡文字編〔M〕，武漢：湖北人民出版社，1993：63。

〔註16〕朱駿聲，說文通訓定聲〔M〕，北京：中華書局，1984：628。

〔註17〕趙松飛，《行氣玉佩銘》新解〔J〕，北京：中國氣功科學，1999（8）：39-41。

〔註18〕何琳儀，戰國文字通論〔M〕，南京：江蘇教育出版社，2003：221。

《說文》:「木下曰本。」本原指草木的根或莖幹,《國語・晉語》:「伐木不自其本,必復生。」〔註19〕後引申指宇宙的本原或本體,《莊子・天下》:「以本爲精,以物爲粗。」〔註20〕本在此爲名詞,爲引申義,本體、本根的意思。

2. 銘文通釋

諸家對字義的考釋不同,對銘文內容解釋自然不同。筆者結合文字考釋的看法,茲錄其全文如下:行氣,顚則撤。=則伸,=則下,=則定,二則固,=則萌,二則長,=則退,=則天。二其本在上,墜其本在下。順則生,逆則死。

銘文通釋如下:導引眞氣運行,眞氣到達頭頂就往回撤,往回撤後才能延伸,延伸才能深入往下,深入往下一直到丹田眞氣才停止,停止後眞氣會進一步強固、充實,強固、充實後的眞氣會再次萌動,萌動的眞氣會往上運行,往上運行的眞氣後退,往回退的眞氣會再次進到頭頂。天的本根在上,地的本根在下,人體也是同樣道理,導引眞氣運行必須上下通達順其規律,不能將其順逆搞錯,順著就可生存,逆著就會死亡。

全文可分兩段:由「行氣」至「退則天」爲第一段,講氣功行氣的過程,用三字經的句式道出眞氣運行的路徑。「天其本在上」至「逆則死」爲第二段,講氣功行氣的規律,排偶句型,言簡意賅地道出行氣需順乎天地的哲理。

氣功向來講調身和調息,調身即氣功是全身運動,需要身體各器官參與。調息即指調動眞氣按一定的路徑運行。《行氣玉銘》第一段,行氣要顚(名詞活用爲動詞)、撤、伸、下、定、固(形容詞活用爲動詞)、萌、長、退、顚(名詞活用爲動詞),諸動詞相互比連,每個字都表示行氣的一個步驟,皆指連貫的調息。大意是:行氣法係鼻息噓吸,閉口運氣,由鼻到頭頂,然後在由頭頂撤回到鼻,在由鼻往下綿延伸展,綿延伸展就會將眞氣運入腹、及丹田,由丹田在後退,一直後退到頭頂。第一段「天其本在上」至末,總結行氣規律。大意是:行氣的規律猶如天在上、地在下的自然規律一樣不可動搖。氣功乃養生之道,歸諸自然,行氣者要遵循規律,恪守不移,宛如順服天地一樣。

根據《行氣玉銘》全文內容,我們可以看出,它講的是柔氣功,或稱爲內養功,類似大、小周天的功夫(見沈壽《行氣玉佩銘)淺釋》)。《行氣玉銘》所闡述的關於氣功運行的路徑和總結出的行氣規律,對後代氣功的發展有一定的影響。

〔註19〕國語〔M〕,上海:上海古籍出版社,1988:62。

〔註20〕陳鼓應,莊子今注今譯〔M〕,北京:中華書局,1983:880。

《行氣玉銘》因爲是刻在玉器上，內容極爲重要，是戰國玉石文字最重要的資料之一。銘文字數雖少，其文字學價值仍不可忽視。例如銘文中的「[illegible]」等古文奇字，豐富了人們對戰國時期古文字的認識。在縱觀諸家觀點的基礎上，筆者就部分有爭議的地方也一抒拙見。在按語部分，筆者對各家的觀點進行評述，並提出自己的看法，例如舊釋爲「⿺辶畜」的字，我們認爲應該讀爲「撤」，訓爲「撤回」。總之，《行氣銘文》是迄今爲止戰國時期玉器中不可多得的精品，它在氣功學史、書法學史、文字學史、及文化史上皆佔有重要的地位，具有不可磨滅的歷史價值和研究價值，值得做進一步的探討。

（發表於：《社會科學論壇》2007 年第 4 期）

（三）《行氣玉銘》研究述評及新解

行氣玉銘，又稱劍珌、刀珌、玉刀珌，原玉舊藏合肥李木公家（李鴻章後代），今歸天津市文物管理處，珍藏在天津歷史博物館。

行氣玉銘是一件堪稱國寶的古代玉器。此古玉爲十二面楞的柱狀體，重118 克，通高 52 毫米，柱徑爲 34 毫米，下部有直徑 24 毫米的中空內孔，頂端未穿透，中空，內壁鑿痕明顯，十分粗糙；在十二個面楞上，每面刻有三個古文字，在古文「死」字上面有一個直徑 3 毫米的穿孔與中空內孔相通；通體外部拋光，晶瑩光滑。除古文字外，沒有刻任何花紋裝飾圖案。

銘文字體方正規整，與韓國銅器羌鍾銘文風格十分相近，當出晚周三晉人之手。銘文刀法嫺熟，文字精工，堪稱書法作品中的上乘之作。

此古玉的文字拓片，最早是皺安將其影印在《藝剩》裏，後收人端方的《陶齋古玉圖》和黃濬的《古玉圖錄初集》（第四卷），之後又收人羅振玉所編的《三代吉金文存》（第二十卷），在其目錄中標爲「劍珌四十字」。但是他們依據的文字拓片是描製的，與實物細節不符。

六十年來，許多專家學者，如：羅振玉、聞一多、王璧、郭沫若、于省吾、何琳儀等先生，都存懷著極大的興趣，對它的各方面進行了廣泛深入的研究。英國李約瑟的《中國古代科學思想史》、臺灣學者那志良的《玉器通釋》也對它有所探討。但是說法不一，各持己見。諸家的分歧主要集中在銘文考釋和功用上。

爲了透徹理解銘文，筆者收集了介紹和探討《行氣玉銘》的三十餘篇文章，在綜觀的基礎上，筆者按照：一、文字考釋；二、年代國別；三、功用探討等三方面對諸家研究進行述評，並進一步提出自己的看法。

1. 文字考釋

行氣玉銘全部銘文共四十五字，其中有九字重文（八處有重文符號，一處重文符號漏刻—「[illegible]」字下側理應有重文符號，而古人沒有刻）。三十六字中，其中「[illegible]」字有十一個，「下」、「八」、「[illegible]」、「中」四個字各有兩個，因此只有二十二個單字。銘文考釋中，沒有疑義的有「[illegible]」、「[illegible]」、「下」、「[illegible]」、「[illegible]」、「天」、「[illegible]」、「[illegible]」、「[illegible]」、「[illegible]」等字；諸家的分歧主要集中在以下諸字上：

（1）「[illegible]」

有釋爲「完」（王季星）、「居」（陳世輝）、「軍」（張光裕：爲軍之古文「冥」，讀如渾，假借爲混）、「吞」（陳邦懷、林誌強、趙峰）、「實」（許國經）、「聞」（郭沫若）、「天」（饒宗頤：爲動詞之天，可讀爲鎮；湯余惠、于省吾、趙松飛：讀爲吞）、「探」（楊琳）、「罙」（孫啓明）等。

（2）「[illegible]」

諸位先生皆將「[illegible]」隸定爲「適」，但讀法上有差異：有「畜」（于省吾、何琳儀）、「蓄」（王季星、張光裕、郭沫若）、「搐」（楊琳、孫啓明）等三種說法。

（3）「[illegible]」

目前學術界的釋法主要有以下幾種意見：

①釋「舂」（郭沫若等）。

②釋「椿」（陳世輝）。

③釋「本、臼」（趙松飛）。

④釋「本」（王季星、張光裕、陳邦懷等先生認爲此字與本字說文古文「𡴀」相比較，「[illegible]」與「[illegible]」頗相類，故爲同一字。何琳儀先生認爲此字從臼、本聲，讀本）。

筆者認爲：「[illegible]」，何琳儀先生釋法「此字從宀從天，讀顚，頂也」，至確；從字形看，將「[illegible]」隸定爲「適」，可從，但當讀爲「撤」；筆者認爲「[illegible]」從本從臼，直接釋爲「本」。

2. 年代國別

趙松飛先生認爲古玉年代應定爲漢代，非常荒謬。陳邦懷先生等認爲是戰國時期物；關於國別，湯余惠先生認爲是出自三晉人之手，是可信的。從銘文的字體就可以證明這一點。因爲：

「我國古文字的發展演變，無不打上歷史的烙印。甲骨文出於殷商，金文出於商周（商代金文與甲骨文相似，西周金文字體齊整，戰國末年金文漸與小篆接近），篆文中的大篆（摘文）出於春秋、戰國……顯然，一定的古文字字體，蘊藏著時代背景的資訊。」

把《行氣銘文》與一定時代的字體對照和對比，就可判斷出其時代和國別。何琳儀先生在《戰國古文字典》把銘文歸在三晉譜系裏，並把它們分別與同一譜系的字對照、及其他譜系的字對比，如「𨱗」字：

《晉璽》「𨱗」，讀長，姓氏。《𠧟羌鍾》「𨱗城」，讀「長城」，齊長城；趙《方足布》「𨱗安」，讀「長安」，地名，即《史記·趙世家》「長安君」封地，地望不祥。《𨱗信侯鼎》「𨱗詢侯」，讀「長信侯」，見《戰國策·魏策》三。《魏璽》「𨱗璽」，讀「長史」，官名，《史記·李斯傳》「秦王乃拜斯爲長史。」《中山王鼎》「𨱗爲人宗」之，讀長。《廣雅·釋詁》「長，常也。」《中山王鼎》「學、𨱗」，讀少、長，互文見義。《中山王方壺》「齒𨱗」，讀「齒長」。《兆域圖》「𨱗」，讀長，長度。

通過對照及對比，其屬戰國時期的三晉物是明顯的。

3. 功用探討

製作緣由也是確定銘文時代最可信的依據之一。迄今爲止，對《行氣玉銘》的功用，很多學者都懷著極大的興趣，對其進行了廣泛深人的探討，但是說法不一，各持己見。目前，對於《行氣玉銘》的功用主要有四種意見：

（1）玉珌說。玉珌（b3），即是一種安在劍鞘尾端的玉製品。它一度被命名玉刀珌（皺安《藝剩》）、劍珌（羅振玉《三代吉金文存》）、玉珌（聞一多《神話與詩》）。

（2）佩玉說。郭沫若考證後認爲此文物是用於裝飾的佩玉，將其定名爲「行氣玉佩銘」。

（3）圖騰崇拜物說。宋書功先生認爲玉石是上古男性生殖器的崇拜物，此銘文正是一篇介紹房事交合術的「手頭銘」。（李戎）

（4）裝飾器物說。王璧先生從三方面論述此文物是一件杖首的裝飾器物：①從外觀上看，「根據器物本身外部光澤晶瑩，中空頂端不透，而且內壁異常粗糙的情況推斷，它應當是用來做爲一個圓柱物體的外殼或裝飾物。用它套在某個圓柱狀物體上，內部粗糙面就不必外露，這就是爲什麼通體光滑潔淨而內壁粗糙的原因了。這個圓柱狀物體粗細當與雞杖相似而高度又較低，當爲用於手握的杖，而這件玉器則應是杖首的玉飾。」②從禮制上看，「對長者的尊敬，於禮來說，執杖則是一種主要形式。當時，人的壽命尚短，長壽者不多。少而貴之，敬之，執杖是一種受尊重的標誌。因爲杖的用途是重要的，所以才會有玉杖首來相配。玉製杖首的使用於理是說得通的。」③從內容上看，「講行氣之法，養生之道，大多適用於老者。所以，這件帶有『行氣』銘文的玉器應做爲當時杖首玉飾更爲妥當。」

王璧還對玉珌和玉佩的觀點予以了反駁：「漢代玉珌與戰國時期玉珌形制大同小異。而都與此器形狀相去甚遠，故指其爲刀珌或劍珌都是沒有任何憑據的。」而作爲玉佩，爲便於佩帶，所以都有穿孔。而此件玉器，雖有穿孔，但笨重、穿孔又位於器的下部。「繫孔佩帶後，上部朝下倒懸，所刻銘文也全部倒置，看上去不雅（見圖二）。美觀的玉佩，字體怎會朝下呢？爲何又無一處紋飾呢？」

筆者以王璧先生說法爲是。王先生從形制到內容，以及聯繫當時的時代，皆言之有理、言之有據。

總之，行氣玉銘是一件反映氣功歷史的珍貴文物，也是迄今爲止最早且完整描述氣功鍛煉的實物，玉銘記載行氣的方法和原理。其時代早於馬王堆漢墓帛書導引圖，是迄今所見時代最早的有關行氣原理和方法方面的古文字資料。這同時也表明在戰國時代氣功功法確已達到相當高的水平。銘文記述的行氣的要領，在我國古代文獻中，如《莊子・刻意篇》就曾有「吹呴呼吸，吐故納新」的記載。現在這一稀世之寶再一次雄辯地證明了，我國是發明氣功最早的國家，從而批駁了「氣功最早源出於東南亞一帶，而後傳人中國」這一缺乏實證的無稽之談（王璧）。至於這種運用氣功達到身體通達，養生長壽目的的古代醫學理論更是證明我國古代醫學成就的不可多得的文字記載。

行氣玉銘不僅有精湛的製作技巧，而且那俊秀的篆書銘文，以及優美流暢的文體，也都是歷代古玉文字中首屈一指的。

行氣玉銘因爲是刻在玉器上，內容極爲重要，是戰國玉石文字最重要的資料之一。銘文字數雖少，其文字學價值仍不可忽視。例如銘文中的「[illegible]」等古文奇字，豐富了人們對戰國時期古文字的認識。在縱觀諸家觀點的基礎上，筆者就部分有爭議的地方也一抒拙見，例如舊釋爲「追」的字，我們認爲應該讀爲「撤」，訓爲撤回。

從行氣玉銘銘文風格上看，其當出晚周三晉人之手。對〈行氣玉銘》的功用，筆者認爲作爲當時杖首的玉飾的說法更爲妥貼。從器物用途上也可以使我們進一步瞭解當時的社會風尚，這對研究封建社會初期的禮制，提供了又一個可貴的實物資料。

總之，行氣銘文是迄今爲止戰國時期玉器中不可多得的精品，它在氣功學史、書法學史、文字學史、考古學史、及文化史上皆佔有重要的地位，具有不可磨滅的歷史價值和研究價值，值得作進一步的探討。

（發表於：《雞西大學學報》2008 年第 4 期）

（四）「春」字的釋疑及啓示

摘　要

于省吾先生釋「春」是正確的。其闕疑和人們的質疑，需用殷曆法等知識給予解釋。「春」字考釋與釋疑過程告訴我們考釋文字應從字形出發，且要具備多方面的知識等。

關鍵字：春；釋疑；啓示

一、釋「春」

甲骨文中，曾被釋爲「春」的，有以下兩組字形：

（一）

（二）

前者還有釋爲「秋、屯、載、才、茲、世、時」等，〔註1〕迄無定論。而後者，考釋的關鍵偏旁是「」（或「」等），對此，曾有六種說法：

（一）葉玉森疑爲「矛」，王襄又以所謂「」爲正，提供了字形比較的依據。董作賓進一步分析了「矛」的字形演變。

（二）郭沫若釋爲「包」的古文，謂有所包裹而加緘縢之形。

（三）唐蘭以爲是豕形無足而倒寫者。

（四）丁山據「今屯」「來屯」辭例，釋爲「夕」。

（五）胡厚宣純由辭例入手釋爲「匹」。

（六）曾毅公釋「身」，引申爲一副稱一身。左右肩胛骨爲一對，稱一身。〔註2〕

對於前三條，于省吾先生批駁云：「按矛係直兵，不應斜作。且帚、婦二字卜辭有別，是董說自難成立。郭釋帚爲婦名矣，以爲卜辭之包裹，未免鄰於想像。唐釋爲豕無足而倒寫亦非。形與矛與勹與豕實無關涉。」〔註3〕

〔註1〕于省吾．甲骨文字詁林〔M〕．北京：中華書局，1996：1355～1364。

〔註2〕黃德寬．古文字考釋方法綜論〔A〕．《文物研究》總第六輯〔C〕．合肥：黃山書社，1990：224。

〔註3〕于省吾．甲骨文字詁林〔M〕．北京：中華書局，1996：1355～1364。

丁山先生誤釋爲「夕」的主要原因是縱向比較的材料不系統，現補充如下：

	夕	屯
甲骨文	（1）[illegible]鐵 161	（2）[illegible]後上 1512
	[illegible]甲 1127	[illegible]甲 2815
金　文	（1）[illegible] 盂鼎[illegible] 曆鼎	（2）[illegible]牆盤[illegible]此鼎
戰國文字	（1）[illegible]石鼓[illegible]秦公鐘	（2）[illegible]秦公鐘[illegible]鄂君啓節

我們可以清楚地看出「夕」「屯」二字形體迥然有別。

最後兩條僅從辭例出發，屈形就義。殊不知卜辭中沒有「匹」字；卜辭中「身」字的字形爲：

[illegible]（合 376 正）、[illegible]（合 13666 正）、[illegible]（合 13668 正）

可見與「屯」字的形體也相差甚遠。

于省吾先生細緻地羅列了「屯」字字形演變的材料，分析了字形變化的環節，最後提出「甲骨文字作[illegible]等形，即屯之初文。商器中，《屯父己鼎二器》作[illegible]（《金文編》放在附錄），《屯作兄辛簋》之器與蓋作[illegible]。屯字，周代金文作[illegible]等形。說文作[illegible]。此乃屯字演變源流。」〔註 4〕從而正確的釋出上述第二組字皆爲「春」字（《說文》曰：春，從艸、從日、屯聲，小篆作[illegible]，嚴格隸定爲萅）。此外，于省吾先生還對含有「屯」及「春」的一些辭例進行了解釋：

（1）示屯：示可讀爲置，置、舍二字音義並通，金文言舍猶予也，賞賜的意思。純通作屯，《說文》：「純，絲也。」綜之，絲織者曰純，絲織之一束一疋曰一純。胛骨卜辭有國家要事如田獵征伐祭祀冊命風雨出入等，往往於其骨臼或灼面刻有示屯一類之辭，二者之關係，在乎國家有大事而後有舍純之舉也。

（2）「來[illegible]」即來春也。「今[illegible]」即今春也。「於[illegible]」即於春也。

〔註 4〕于省吾．甲骨文字詁林〔M〕．北京：中華書局，1996：1355～1364。

二、「春」字的釋疑

對于省吾先生釋「春」最初提出懷疑的是陳夢家先生，其中最有代表性的是王玉哲先生，他列出了卜辭中的下列辭例：

（1）戊寅卜爭貞，今[illegible]眾有[illegible]，十一月。（外 452）

（2）……[illegible]令般商，十三月。（簠人 52）

（3）甲子□貞：今[illegible]受（？）年，九月。（前 4.6.6）

（4）□□卜賓□□[illegible]亡□，六月。（粹 1388）

（5）□□五[illegible]，十二月。（存 1.83）〔註 5〕

進而提出了以下幾個問題：

（1）五條卜辭占卜的時間，今春分別在十一月、十二月、十三月、九月和六月，春的時間跨度太大了。

（2）尤其是卜辭有「用[illegible]」、「多[illegible]」，「示[illegible]」，有的稱示多少[illegible]，從「一」多至「五十[illegible]」。[illegible]字釋爲春，均不成辭……。

（3）商人占卜行止吉凶的習慣，一般最多的卜旬，問十天以內的吉凶。

（4）古人對一天時間的劃分，住住前後對照，有「夕」怎麼沒有「朝」呢？他認爲卜辭中諸多「春」字都是「朝」字，並且提出了「[illegible]」也爲「朝」（筆者注：此釋至確，舊多誤釋「明」）。〔註 6〕

對於以上問題，我們試作如下解釋：

（一）第一條卜辭可以肯定「今[illegible]」是在「十一月」。第二條卜辭「[illegible]」字上一字缺失，無法判定是「今」、「來」、「於」亦或其他語詞，「十三月」告訴我們殷商開始探索置閏（設置閏月）了。殷曆住往年尾閏月，故稱十三月。第三條卜辭中我們認爲可以作爲「[illegible]」釋爲「屯」的有力佐證，讀爲「春」，「受年」、「不受年」卜辭常見，是占卜年景、收成的好壞，如按丁山釋爲「夕」則於情理不合，不可能占問「今夕受年」（今天晚上有好的年景嗎？）常玉芝先生還對「今歲」、「來歲」卜辭中對「受年」等情況作了統計，列成下表：〔註 7〕

〔註 5〕于省吾．甲骨文字詁林〔M〕．北京：中華書局，1996：1355～1364。

〔註 6〕于省吾．甲骨文字詁林〔M〕．北京：中華書局，1996：1389。

〔註 7〕常玉芝．殷商曆法研究〔M〕．長春：吉林文史出版社，1998：349～350。

表　一

類別＼數目＼月份		一月	二月	三月	四月	五月	六月	七月	八月	九月	十月	十一月	十二月	總計	
今歲	受年	1	2			1					1		2	7	10
	受禾								1					1	
	其他		2											2	
來歲	受年								1	2			1	4	6
	受禾						1							1	
	其他										1			1	
總計		1	4			1	1		2	2	2		3	16	

我們可以看出，除三、四、七、十一月以外，皆有「受年」或「受禾」的記載。可無論如何「九月」也不在殷商的春季。有的學者作了如下解釋：

馮時先生認爲：「研究表明，這兩個迴圈週期的終點可以劃定在夏曆的八至九月。對於農業季節而言，這個時間意味著收穫季節的開始，而對殷曆曆年而言，則預示著新的一年即將來臨。殷代的農業季節自殷曆九、十月迄十二月，相當於夏曆的五至六月迄九月。其中九至十月是農作物的播種期，年終十二月（或十三月）是作物的收穫期。綜合殷曆季節的研究表明，殷代的農業季節安排在殷代的春季，殷代冬季沒有作物生長，殷商時期，農作物在全年中只收穫一季。」〔註8〕如果我們同意馮時先生的觀點，卜辭中的「九月」則是殷商的春季，這可備一說，下文還會接著分析。

第四條卜辭殘損十分嚴重。第五條卜辭也有殘損，按照辭例補充的話，可能是「示五純」（舍純五疋的意思）之類的，這條不足證明「今春」在「十二月」。綜上所述，我們只要證明殷曆十一月是春季就行了。原來「殷商及西周僅有春季，而無夏冬。一年而分四季，當始於春秋以後」。〔註9〕春、秋兩季的跨度當以王暉、常玉芝兩位先生論證爲是。王暉先生跟據殷墟卜辭中大量繫有月份的物候氣象資料推定了殷曆是以小麥收穫後的始食麥和種黍時節作爲歲首正月的，這反映了早期農業社會的物候紀年法。此爲夏至所在的月，

〔註8〕馮時．殷代農季與殷曆曆年〔J〕．南京：中國農史，1993（1）：72。
〔註9〕于省吾．甲骨文字詁林〔M〕．北京：中華書局，1996：1393。

月建爲「午」。以始食麥和種黍時節作爲物候觀測標準的殷曆正月，可以合理解釋卜辭農事活動和氣象資料於時月配合的種種現象。〔註 10〕常玉芝先生根據大氣現象和農事活動具有很強的規律性，在翔實分析材料的基礎上，得出結論：殷人卜問雹、雷、虹的月份主要集中在歲初的一月、二月、三月和歲末的十月、十一月、十二月，而四月、五月、六月、七月、八月五個月一次卜問都沒有。雹、雷、虹等是季節性很強的自然現象，主要發生在夏季，因此，殷曆的歲首和歲末交接應是在夏季。他進一步明確指出了殷曆的歲首是在夏曆的五月。這一觀點與王暉先生的結論相一致。在此基礎上，常玉芝先生以翔實的材料，清理出記有月名的一些卜辭，運用量化的方法，科學地探討了殷曆中春、秋跨度問題：〔註 11〕

表　二

季／月／曆	春						秋					
殷　曆	10	11	12	1	2	3	4	5	6	7	8	9
夏　曆	2	3	4	5	6	7	8	9	10	11	12	1

以上結論完全正確。

從上表中我們可看出九月在秋季，這不與上文馮時先生的結論相矛盾了嗎（馮時先生認爲 9 月爲殷商春季）？讓我們從殷商的紀年法談起。原來紀年法的嬗變情況大致加下：物候紀年法—星曆紀年法〔諸如火曆、參曆、太昊龍曆（太陽曆）、歲星紀年（《國語》《左傳》皆有記載）〕—陰陽合曆。社會的發展，人類認識水準的不斷提高，這種嬗變顯示了曆法由疏闊走向精密。這些紀年法並不是前後更替的關係，一種紀年法的產生並不意味著另一種或幾種紀年法的退出，我們知道目前有的星曆仍然在使用，保留在很多少數民族中，成爲其民族文化的一個重要組成部分，例如回族（純陰曆），彝族（十月曆純陽曆）等。

由此我們可以大膽推想：殷商時期處於曆法的探索階段，處於物候紀年法、星曆、陰陽合曆的交替時期；這一時期行用的曆法，並不是單純的陰陽

〔註 10〕王暉．殷曆歲首新論〔J〕．西安：陝西師範大學學報，1994（6）：48～55。
〔註 11〕常玉芝．殷商曆法研究〔M〕．長春：吉林文史出版社，1998：369。

合曆，物候紀年仍然保留一些痕跡，特別是星曆，仍很流行，甲骨文資料中有反映：「據信爲相土時期的一片卜骨上契有：貞唯火五月。這一條只剩下五個字的資料，相當重要。……這是商行火曆的最好證明。（火五月，火曆五月的意思）……此外，另一片常被用來說明商代已有新星紀錄的卜骨刻道：七日己巳夕，有新大星並火，祟，其來有艱，不吉。這則卜辭，是迄今所知的世界上最古的新星紀錄，據李約瑟說，其實際年代應在西元前一三三九至一二八一年間。」（新星並火，乃最大的不祥之兆，所以他們要三呼『祟』、『有來艱』、『不吉』）。」〔註 12〕此外，還有「己巳卜，爭（貞）：火，今一月其雨。（乙）或，今一（月）不其雨。（甲）」（《合集》12488 甲乙）常玉芝先生認爲「此辭可解釋成：大火已見，現在是一月。即該辭的『火』指的是大火星，即心宿二。因此，該版卜辭證明殷人施行的是以大火記時的曆法制度。」〔註 13〕我們從傳世文獻中也可以得到確證：「『遂（燧）人以火紀。』（《尚書大傳》）『炎帝氏以火紀，故爲火師而火名。』（《左傳・昭公十七年）『陶唐氏之火正瘀伯居商丘，祀大火，而火紀時焉。』（《左傳・襄公九年》）『以火紀』或『火紀時焉』，就是以大火的視運行來紀敘時節，規定人事。」〔註 14〕從記錄的「十三月」，我們發現殷商正在通過置閏來調試陰陽合曆了。任何人不能超越歷史，曆法的形成必然要經過一個漫長的摸索過程。曆法的制定是建立在觀象授時高度發展的基礎之上，陰陽合曆的制定，必須測得歲時（歷年的時間長度）和朔策（每月的平均天數），並進而置閏。歲時（約 365.25 天）和朔策（約 29.53 天）數值的推算是長期觀察的結果。曆法內部具有嚴密的編制和體系，從而才能實現連續的紀時。

我們可以得出這樣的結論：殷商時期處於曆法創制的早期階段，多種紀年法可能並用，建正（設置歲首）、置閏尚在摸索之中。「我們以爲殷曆的置閏常有先後，而當時的曆法是不大精確的，這年與那年的天時月份可能很有出入；因此同是記載『八月』，在此年可能是『禾季』的末了，在那年可能是『麥季』的開始。」「由於卜年和農事的記載，不固定於某一月中，而常是屬於相聯屬的三四個月，因此可以想像當時的曆法是不很精確的。」〔註 15〕

〔註 12〕龐樸・火曆鉤沉〔J〕・北京：中國文化，1989（1）：4。
〔註 13〕常玉芝・殷商曆法研究〔M〕・長春：吉林文史出版社，1998：384。
〔註 14〕龐樸・火曆鉤沉〔J〕・北京：中國文化，1989（1）：16～17。
〔註 15〕陳夢家・殷墟卜辭綜述〔M〕・北京：中華書局，1988：223～225。

另外，著名語言文字學家趙元任曾經教誨過：「例不十不立說。」語言文字的使用都有它的社會規範性。通觀甲骨，我們並沒有發現有另一片完整的可以確定的「今春……九月或六月」的卜辭。我們也可以大膽推想這是一片誤記月份的刻辭。「《閏譜》四，是說明祖甲四年閏六月的材料，這很可能是誤記干支，把癸卯誤記爲癸未，或誤記月份。卜辭中誤記者很多，《祀譜》只在帝乙一譜中就舉出不下五處的誤記。」〔註 16〕據《史記》記載「『其後三苗服九黎之德，故二宮咸 費所職，而閏餘乖次，孟陬殄滅，攝提天記，歷數失序。』……『幽曆之後，周室微，陪臣執政，史不記時，君不告朔。』」〔註 17〕這些政治動亂導致的曆法混亂，殷商時期可能也是客觀存在的。我們不可苛求古人，殷商時期還處於觀象授時的階段，雖然干支紀日連續不斷，但是置閏、建正尙在探索之中，天官的誤記是情理之中的。《春秋左傳》亦有記載天官誤記、失記的事件。〔註 18〕所以我們可以推想在殷商時期貞人亦有失記的情況。基於當時的社會條件，以及天文觀察水準限制，誤記是情理之中的。殷商幾百年的歷史，當時恰是曆法的探索時期，出現曆法的一些混亂、誤記，我們認爲是可能的。這幾百年中曆法也是在調整著的，偶爾的歲首混亂最終導致曆法的誤記也是有可能的。

（二）我們認爲此處「屯」通假爲「純」，于省吾先生已指出「凡絲錦布帛等一段謂一純。」

（三）關於商人卜旬的問題，我們在上文分析第三條卜辭時就作了有力反駁，現在補充一些卜辭：

1、「……來歲受年。」（《合集》9656）

2、「甲子卜，來歲受年八月。二告。」（《合集》9659）

3、「乙亥卜，今秋多雨？」（《合集》29908）

4、「～貞今秋禾不遘大水。」（《合集》33351）

很顯然，卜問的時間跨度並非局限於「一旬」。

（四）王玉哲先生認爲古人對一天時間的劃分往往前後對照。這是十分正確的。如：「旦—莫（昏）」、「小食（小采）—大食（大采）」等。但是釋「[illegible]」等爲「朝」，則是在誤釋「[illegible]」爲「夕」的基礎上得出的錯誤結論。我們從「[illegible]」

〔註 16〕常玉芝·殷商曆法研究〔M〕·長春：吉林文史出版社，1998：3。

〔註 17〕司馬遷·史記〔M〕·北京：中華書局，1999：1257～1258。

〔註 18〕章培恒、駱玉明·中國文學史〔M〕·上海：復旦大學出版社，1996：111～113。

出現的辭例來看：

1、「丁酉卜爭貞，今[illegible]王勿黍？」「今[illegible]王黍於……。」（《合集》9518）

2、「丁酉卜爭貞，今[illegible]王勿黍。」（《合集》9519）

從以上兩條卜辭反映的社會生活來說，釋「[illegible]」爲「春」無疑是正確的。

我們再來考察甲骨卜辭中有關「秋」的辭例：

1、「丁巳……告秋……七月。」（《合集》9631）

2、「乙未卜賓貞……告秋……一月。」（《合集》9632，姚孝遂先生認爲「告秋」是收穫之事祭告先祖、秋時的祭告）

3、「丙辰卜貞告秋於丁四月。」（《懷》22）

那麼，「秋」的跨度在「一月、四月、七月」，我們是否也要懷疑「秋」的正確性呢？無疑，我們應從卜辭的辭例、殷商的曆法入手，融會貫通的去理解句意。至此，王玉哲先生提出的四個問題得到了圓滿解決。綜上所述，我們認爲「[illegible]（或『[illegible]』等）」爲「屯」是完全正確的。

三、釋「春」的啟示

如上所述，于省吾先生釋「[illegible]」爲「屯」，釋「[illegible]」爲「春」是確信無疑的。通過其考釋過程，及產生疑問的消除，我們可得出以下幾點啓示。

（一）字形分析永遠是考釋古文字的基礎

「古文字釋讀的依據主要是字形，字形是從事古文字研究的基礎。」〔註19〕可見古文字的研究總是從辨明文字的形體著手的，因此考釋古文字應以字形的研究爲主。運用字形分析的方法考釋古文字，多數是可靠的，前人已獲得了巨大成就。運用這種方法考釋文字，除了要瞭解古文字的各個形體外，還必須注意以下兩點：

1、在字形分析上應遵循共時的橫向比較和歷時的縱向追溯相結合。于省吾先生認爲「我們研究古文字，既應注意每一字本身的形、音、義三方面的相互關係，又應注意每一個字和同時代其他字的橫的關係，以及它們在不同時代的發生、發展和變化的縱的關係。」〔註20〕這段話

〔註19〕黃德寬·古文字考釋方法綜論〔A〕·《文物研究》總第六輯〔C〕·合肥：黃山書社，1990：226。

〔註20〕于省吾·甲骨文字詁林〔M〕·北京：中華書局，1996：3314。

蘊涵了辯證唯物主義聯繫的、發展的觀點以及系統論的思想。

2、我們還應具備字形學方面的各種知識。高明先生認爲我們應具備以下知識：「漢字各種結構的特點，各種形旁的歷史變化，義近形旁之間的互用關係，以及字體簡化的基本形式，規範化的具體內容，等等。」〔註21〕

（二）考釋文字需要各方面的知識。

古文字考釋之難，重要的一點就是「現在的古文字學與考古學、古代史、語言學、文獻學都有密切聯繫。」〔註22〕釋「屯」中，于省吾先生的闕疑和王玉哲先生的質疑，最終是憑殷曆法的知識予以解釋的。筆者曾考釋出《行氣玉銘》中的「撤」，就運用了氣功學的知識。〔註23〕正因爲古文字學與多種學科有密切聯繫，所以楊樹達先生將考釋文字的方法歸納爲十四個條目，他說「舉其條目：一曰據《說文》釋字，二曰據甲骨釋字，三曰據甲文定偏旁釋字，四曰據銘文釋字，五曰據形體釋字，六曰據文義釋字，七曰據古禮俗釋字，八曰義近形旁任作，九曰音近聲旁任作，十曰古文形繁，十一曰古文行簡，十二曰古文象形會意字加聲旁，十三曰古文位置與篆書不同，十四曰二字形近混用云。」〔註24〕這就要求我們考釋文字時「既要立足於文字和語言這一基點，又要求能夠高屋建瓴，將要解決的問題置於人類社會歷史文化的宏觀背景中加以考察，以尋求適切的答案。」〔註25〕因此，考釋古文字的學者，必須具備廣博的知識背景，並經過合理的訓練和實踐，才能有所成就。

（三）綜合法是檢驗考釋結果的圭臬

文字包括形、音、義三方面，且三者是不能截然分開的。故陳夢家提出了「分析偏旁以定形，聲韻通假以定音，援據典籍以訓詁貫通形與音」〔註26〕的科學考釋方法。所以考釋的結果要想成爲定論，就必須在字形比較、偏旁分析、辭例解釋、音韻的識讀等各個方面經得起推敲。綜合法是檢驗考釋結

〔註21〕高明．中國古文字學通論〔M〕．北京：北京大學出版社，1996：169。

〔註22〕李學勤．古文字學初階〔M〕．北京：中華書局，1985：3。

〔註23〕張道升．《行氣玉銘》古文字研究述評及新解〔J〕．石家莊：社會科學論壇，2007（4）：203。

〔註24〕楊樹達．積微居金文說（增訂本）〔M〕．北京：科學出版社，1959：1～16。

〔註25〕黃德寬．古文字考釋方法綜論〔A〕．《文物研究》總第六輯〔C〕．合肥：黃山書社，1990：232。

〔註26〕陳夢家．殷墟卜辭綜述〔M〕．北京：科學出版社，1956：71。

果的圭臬。它要求我們對考釋的結果必須從多種角度，多方加以考察，加以核實。釋「春」的正確性就充分反映了這一點。

總之，《甲骨文字詁林》等書是于先生積一輩子心血研究甲骨文字的精華，文中不乏經典之作。開卷有益，經常閱讀，進而闕疑、質疑、乃至釋疑，會使我們這些從事古文字學的學習者或研究者獲益匪淺。

（發表於：《成都大學學報》2008 年第 2 期）

（五）秦代「書同文」的前奏與實現——論先秦幾種重要石器文字在漢語規範化中的作用

東漢許慎在《說文解字・序》中說：「蓋文字者，經藝之本，王政之始。前人所以垂後，後人所以識古。」意思是：「漢字，是經史子集的根本，是治理國家的基礎。是前人流傳給後人的載體，是後人認識前人的工具。」這句話強調了文字的重要性。我國漢字已有幾千年歷史了，然而，在流傳過程中，發生了簡化、繁化、訛化、同化等現象，出現了不少古今字、異體字、生僻字。為了提高文字為社會需要服務，使人們儘量準確無誤地互相傳遞資訊，交流思想感情，就必須要促使漢字的規範化。所謂漢字規範化：「就是為漢字本身及其社會應用確定正確的、明確的標準，把那些符合文字發展規律的成分和用法固定下來，加以推廣；對不符合漢字發展規律的和沒有必要存在的歧異成分及用法，根據規範要求，妥善地加以處理。」〔註 21〕漢字規範化是漢語規範化的重要內容之一，此外，漢語規範化還包括語音、語法的規範化，文體格式和標點符號的正確使用等。毋庸置疑，漢語規範化程度是我們中華民族、乃至我們國家文化強弱的標誌之一。從我國歷史上看，為了適應交際的需要，規範化是人類進入文明殿堂以後不久就開始的一種社會行為，並且隨著社會生產力的發展而發展。

何琳儀先生在《戰國文字通論》中說：「嚴格意義上講，通常所說的石刻文字應稱之為石器文字。大量的侯馬盟書、溫縣盟書都是直接用筆書寫在玉片和石片上的文字，它們與石鼓文之類的石刻文字都應通稱為石器文字。」〔註 22〕可見石器文字是指刻或寫在石器、玉器上的文字，所以又稱玉石文字。根據出土文物和史料記載，我國早在商代就有了石器文字。《墨子》一書中提到「又恐後世子孫不能知也，故書之竹帛，傳遺後世子孫；咸恐其腐蠹絕滅，後世子孫不得而記，故琢之盤盂，鏤之金石，以重之。」〔註 23〕可見春秋戰國時期石刻文獻與簡帛文獻、金文文獻一樣，使用較為普遍。石器文字在古代大興的原因是：一方面，社會歷史文化的發展，要求書寫材料和書寫工具

〔註 21〕艾紹潔，淺談社會用字的規範化〔J〕，西寧：攀登，2007（2）：166。

〔註 22〕何琳儀，戰國文字通論〔M〕，北京：中華書局，1989：19。

〔註 23〕（清）畢沅校注、吳旭民標點，墨子〔M〕，上海：上海古籍出版社，1995：111。

的變革。刻石具有取材容易，傳世久遠，便於保存等優點，彌補了青銅器需要鑄造、易腐蝕、容字有限之不足；另一方面，石器文字具有的公佈性，適應了統治階級輕名器、重功利的需要。大凡記功頌德、頒佈憲令、誓盟立約等重大事件，都要刻石述事，昭示未來。

中國石器文獻數量龐大，內容豐富，獨具特色，有很高的價值。很多紀事刻石可證經補史。今天，雖然許多石器文獻早已蕩然無存，或因年代久遠，刻字湮滅，但是作爲一種書籍形式——石書卻給中國書史留下了輝煌的一頁。那些極少的，至今幸存的各代石器文獻，爲我們研究古代史籍和書史提供了豐富的可證史料，同時也是研究文字字體演變的最好實物例證。

秦代的「書同文」是歷史上有明文記載的一次大規模文字規範化運動。這次「書同文」工作的結果是：六國文字異形的歷史基本宣告結束，小篆成爲漢字定型的形體。這次「書同文」工作的意義有：它是古文字長期發展的終結，啓示了文字發展的新時代，從而爲漢字系統的最後定型——楷書奠定了基礎。因爲小篆之後，古文字即發生了隸變。隸變，又稱爲隸定，是漢字由小篆演變爲隸書的過程，大約發生在秦漢之間，是漢字發展的轉捩點，是古今文字的分水嶺。

本文試以先秦時期幾種重要的石器文字爲例來談談古文字階段漢語的規範化，以求對秦代「書同文」有一個更清晰的認識，對製定現今的漢語規範化的標準有所啓示。

1. 侯馬盟書

侯馬盟書是寫在玉石片上的墨書文字，內容是春秋末期晉國世卿趙鞅同卿大夫間舉行盟誓的約信，屬於晉國的官方文書。侯馬盟書及其反映的歷次盟誓，具有極高的價值，是戰國石器文字最重要的資料之一。因此，侯馬盟書的發現立即震驚了考古界、歷史界、文字學界、甚至書法界。侯馬盟書是半個世紀以來中國十項重大考古成果之一，已成爲國寶級的文物。〔註 24〕

侯馬盟書的文字異形現象比較突出，主要的原因有：一是從字體上看，如筆畫的增省（如：趙爲肖）、構件的換用（如：則的刀旁變爲戈）等。二是從語義上看，即張頷先生所說的「義不相干而爲音假（如：氏爲是）。」

〔註 24〕張頷、陶正剛、張守中，侯馬盟書〔M〕，太原：山西古籍出版社，2006 年增訂版：3。

〔註 25〕三是從盟書用途上看，古代盟誓時所寫的盟書都是一式兩份，一份藏在掌管盟書的專門機構——盟府裏，作爲存檔；一份祭告於鬼神，要埋入地下或沈入河中。侯馬盟書便是埋在地下的那一份。其實宗周末期，秩序已撼，仁義始喪，禮崩樂壞之迹象已然開始突顯，雖「歃血爲盟，指河爲誓」，但結果卻是「口血未乾，匕首已發」，「國之大事，惟祀與戎」，〔註 26〕故對於此徒具形式的檔案，書寫者草率是情理之中的事。但我們不能因此抹殺了侯馬盟書作爲官方文書在漢語規範化中作出的貢獻：

1. 遵從了誓辭文體格式。誓辭在春秋時代是一種常用的應用文體，一份完整的盟書，它的內容大概有敘辭（日期和立誓者等）、誓辭、詛辭等。侯馬盟書可讀的 656 件中，都遵從了規範的誓辭文體格式，內容上往往祇是人名（立誓者）發生了更改。客觀上看，書寫者的草率並沒有影響盟書的閱讀。
2. 運用了標點符號。盟書中用「_」作爲句標出現了四十餘處，它的作用主要有四種：1、細小一點的用於句子中間，表示短暫的停頓，相當於今之逗號，如「某敢不剖其腹心以事其宔_」、「及其子孫_」、「改亶及奐_」。2、粗大一點的用於誓文之末，表示文意的完結，相當於今之句號，如「麻夷非氏▁」。3、合文符號，如「子孫=」、「邯鄲=」、「之所=」。4、重文符號，如「君所=」。

張頷先生曾說道：「侯馬盟書所揭示的晉國文字的混亂現象，它必然妨礙著當時文化的普及和提高，也阻礙著各國之間文化的交流。」〔註 27〕我們認爲張先生恐怕還是主觀上誇大了釋讀侯馬盟書的難度，因爲文中「敢」、「嘉」各有 100 多個異體，我們還是把它釋讀了出來。另外，盟書具備了統一規範的格式和正確的句讀，這並不妨礙盟書的實際交際用途。可見，語言文字系統是一個整體，某一要素的規範化對其他要素具有補充作用。

2. 行氣玉銘

行氣玉銘，又稱劍珌、刀珌、玉刀珌，現今珍藏在天津歷史博物館。行氣玉銘記載了一次氣功運氣過程，是一件堪稱國寶的古代玉器。

行氣玉銘，爲十二面楞的柱狀體，在十二個面楞上，每面刻有三個古文字，

〔註 25〕同上：16。

〔註 26〕楊伯峻，春秋左傳注・第二冊〔M〕，北京：中華書局，1981：861。

〔註 27〕張頷，侯馬盟書叢考續〔M〕，北京：中華書局，1979：99。

全部銘文共四十五個字，其中有九字重文。銘文字體方正規整，當出於晚周三晉人之手。銘文刀法嫺熟，文字精工，堪稱書法作品中的上乘之作。〔註28〕

這種學習書法的風氣對規範書面用字、包括書法藝術，產生了久遠的影響：一是書家的寫字，不祇是個人的藝術行爲，還具有規範社會用字的導向作用。歷史表明：祇是在國家分裂、社會動亂的時期，書法家更多地追求通過書法藝術表達自己的思想情趣，而較少關注社會用字；只要在國家統一、文教發達時，書法家就會意識到自身的社會責任，並自覺參與社會用字規範。如漢末的三體石經，就是由當時著名書法家蔡邕等人主持刻寫的，目的是「詔定五經，刊於石碑，從而開始了中國歷史上第一次碑刻經書、規範文字的偉大工程」；還有如「唐代書家參與製定文字標準，率先垂範，楷正可觀，奠定了楷書正體的歷史地位，影響至於今日。」〔註 29〕二是使兒童自幼養成良好的寫字習慣，正確辨析文字形音義，從而使規範化意識可以貫徹終生，根本上杜絕了社會用字的混亂。

3. 石鼓文、詛楚文、秦駰玉版

（1）石鼓文。石鼓文現存北京故宮博物院。石鼓文是指春秋、戰國時期秦國刻在石鼓上的一種文字，是我國收藏年代最早的石刻檔案。每個石鼓上刻有四言韻文的詩一首，內容主要是歌頌貴族的畋獵遊樂生活，又稱「獵碣」（碣，特立之石，方爲碑，圓爲碣）。現今的石鼓文實有 321 字。

狹義的大篆只指：「春秋戰國時代秦國的文字。大篆一般以籀文和石鼓文爲典型代表。」〔註 30〕石鼓文是大篆的形體結構，特點有：一部分結構繁複，近似金文，上與周宣王時代的《虢季子白盤》等銘文相接；另一部分結構比較簡單，接近小篆，下與秦始皇時代的《泰山刻石》等小篆相通。石鼓文是上承金文、下啓小篆的過渡形體，大體可以看做是春秋、戰國間的秦國莊重文字。秦始皇統一六國而頒行的小篆，正是以這一派字體爲基礎的。

（2）詛楚文。詛楚文是戰國中後期秦國的石刻文字，其內容是祭神時對楚國的詛咒。原石出土三塊，三石文句大體相同，後來人們根據所祀神名的不同，分別稱爲《巫咸文》（382 字）、《大沈厥湫文》（318 字）、《亞駝文》（325 字）。

〔註28〕張光裕，玉刀珌銘補說〔A〕，中國文字．第十二卷〔C〕，臺北：國立臺灣大學文學院中國文學系編印，1967～1974：5743～5752。

〔註29〕李建國，漢語規範史略〔M〕，北京：語文出版社，2000：77，84。

〔註30〕黃伯榮、廖旭東，現代漢語〔M〕，北京：高等教育出版社，2007：141。

詛楚文的字體接近小篆。其中《大厥湫文》318 字，與小篆同者占總數的 95%，僅有 15 字不同或不見於今本《說文解字》所收的小篆。該文作於秦惠文王後元十三年、楚懷王十七年（前 312），距秦統一還有九十多年。〔註 31〕

小篆起於戰國末期，後經李斯等人整理改造，曾被秦王朝用來統一全國文字。

（3）秦駰玉版。該玉版作一式兩份，每版兩面都有文字，或鐫刻，或朱書。人們習慣把居右的玉版稱爲 A 版，把居左的玉版稱爲 B 版。文中記述秦莊王駰有病，乃禱告於華大山明神，得其保祐，使病體日復。該文近 300 字，對研究秦人禮俗及秦文字演變，極有意義。其內容之重要，當不在《詛楚文》之下。〔註 32〕

從文字風格來看，玉版 A 和 B 正面不盡相同；相對而言，A 版的隸書意味濃一些，B 版是比較規整的小篆。黃伯榮、廖旭東等先生認爲：「秦隸又叫古隸，是秦代運用的隸書。秦代篆、隸並用，小篆是官方運用的標準字體，用於比較隆重的場合；秦隸是下級人員用於日常書寫的字體。秦隸是從具備象形特點的古文字演變爲不象形的今文字的轉捩點，在漢字發展史上具有劃時代的意義。」〔註 33〕

從石鼓文、詛楚文、秦駰玉版的銘文中，我們看到了古文字形體的演變過程：從大篆到小篆，甚至看到今文字隸書的萌芽。

4. 秦代刻石和秦代「書同文」的實現

秦統一中國後，進行了一次大規模的「書同文」文字規範化運動。爲了改變全國「言語異聲，文字異形」的狀況，秦代「書同文」的具體做法有以下幾條：

（1）有官方制度。秦始皇統一天下後，於二十六年（前 221 年）下了詔書，詔曰：「一法度衡石丈尺。車同軌。書同文字。」〔註 34〕

（2）有施行的具體措施。

①《說文解字・序》：「秦始皇帝初兼天下，丞相李斯乃奏同之，罷其不

〔註 31〕姜亮夫，詛楚文考釋〔J〕，蘭州：蘭州大學學報，1980（4），54～71。

〔註 32〕曾憲通、楊澤生、蕭毅，秦駰玉版文字初探〔J〕，西安：考古與文物，2001（1）：53。

〔註 33〕黃伯榮、廖旭東，現代漢語〔M〕，北京：高等教育出版社，2007：141。

〔註 34〕（漢）司馬遷，史記〔M〕，北京：中華書局，2006：44，同上：265。

與秦文合者。」從中可得知，當時有規範漢字的統一要求。

②確定小篆爲規範字體。小篆，與大篆相對而言，指秦始皇統一中國後實行「書同文」政策而頒行的規範字體，又稱秦篆。篆書之名始於漢代，其得名之緣由，郭沫若先生是這樣認爲的：「施於徒隸的書謂之隸書，施於官掾的書便謂之篆書。篆者掾也，掾者官也。漢代官制，大抵沿襲秦制，內官有佐治之吏曰掾屬，外官有諸曹掾史，都是職司文書的下吏。故所謂篆書，其實就是掾書，就是官書。」〔註35〕可見，郭先生認爲篆書是相對隸書而言的，大篆、小篆皆是當時的官方文字。

將「書同文」以前的漢字與小篆相比較，可以推知，當時確定小篆形體方面的做法大致有：「（1）固定偏旁寫法。（2）確定偏旁的位置。（3）廢除異體異構。（4）統一書寫筆畫。」〔註36〕小篆的特點有：（1）比較全面地保留了漢字的寓義於構形的本質特徵。（2）文字形體定型化，減少了異體字。（3）字形象形程度進一步降低，進一步符號化。（4）結構上更多使用「形聲相益」的方式。「形聲字在甲骨文中已有260多個，占已識字的28%強。到了金文，特別是東周時期，也只增長到50%以上。但漢代許愼撰的《說文解字》，其中形聲字已占80%以上。」〔註37〕從文字的發展看，小篆是古文字階段的最後一種字體，是古文字通向今文字的橋梁。要研究古文字，要探究漢字的淵源，必須利用小篆，所以它的歷史地位是十分重要的。

③編製範本。《說文解字・序》：「斯作《倉頡篇》，中車府令趙高作《爰歷篇》，太史令胡毋敬作《博學篇》，皆取《史籀》大篆，或頗省改，所謂小篆者也。」以上字書統一了經典字形，由此相繼產生了一批辨析異俗、匡正訛誤、統一字形的「字樣」之書，它們不僅是教學童的課本，也是「書同文」正文字的範本。它們的問世，起到了規範漢字的作用。

④統治者的以身作則。現在能見到的小篆，除《說文解字》中保留的9353個以外，還有秦代刻石。秦始皇出巡，曾到嶧山、泰山、瑯琊、芝罘、東觀、碣石、會稽等地巡視，每到一處，都會「立石刻，頌秦德，明得意」。〔註38〕

〔註35〕郭沫若，奴隸制時代〔M〕，北京：人民出版社出版，1954：265。

〔註36〕高明，略論漢字形體演變的一般規律〔J〕，西安：考古與文物，1980（2）：118～125。

〔註37〕江學旺，《說文解字》形聲字甲骨文源字考〔J〕，長沙：古漢語研究，2000（2）：2。

〔註38〕同上：9。

秦二世也巡視各地，在秦始皇所立刻石上加刻詔書和隨從官員姓名。現存的秦刻石和琅琊臺刻石共 1874 字，各刻石相傳均爲李斯以小篆書寫。〔註 39〕

從以上我們可知，李斯等人是以秦國原有文字作爲統一的標準，首先廢除一切與秦文不同的俗體、異構，只保留其中與秦文字一致的部分；然後通過《倉頡篇》等字書，寫出標準字體—小篆的樣板，廣佈天下而推行的。

秦代「書同文」得以實現，我們除了看到政治力量對漢字規範化的巨大力量以外，我們還應看到知識份子的作用：古代「學而優則仕」，深受儒家、法家思想影響的知識份子從政後，往往具有「不以規矩不能成方圓」的道德信念，他們在行爲中表現爲修身養性、正統扶正、規範鐵律、恪遵功令。最終，語言文字的規範化意識滲入知識份子的骨髓，外化爲文人的一種自覺行爲，成爲從政後的知識份子們終身的勞作、事業和信念之一。

雖然說「秦始皇帝統一文字是有意識地進一步的人爲統一」。〔註 40〕但是我們還是要看到語言文字發展之規律在其中的促進作用。秦代的「書同文」在秦代短暫的十幾年間得到很好的貫徹，其實有語言文字發展的自身要求。如當時文字形體的刪繁趨簡，大篆已演變爲小篆；書寫材料和書寫工具的變革等，都促進了秦代「書同文」的出現。

秦始皇利用政權的力量推行小篆，對古漢字進行了一次全面的整理、加工和改造，第一次使官方正式字體實現了規範化，很快結束了長期以來「文字異形」的局面。這世代相傳的統一的規範化文字對增強漢字的社會職能，對增強國家的統一和民族的團結，對促進社會經濟和文化的發展，無疑是極爲有益而功不可沒的。因爲秦統一後曾出現過南北朝等政治分裂局面，但語言文字始終是統一的。

綜上所述，我們知道，從侯馬盟書的文書格式和標點符號使用中，我們可看到語言文字內部諸要素的相互作用對漢語規範化的補充。從行氣玉銘的書法藝術中，我們可知書法文化在漢語規範化中的地位和作用，它具有規範社會用字的導向作用；此外，還可以培養兒童自幼養成良好的寫字習慣和規範化意識。從石鼓文、詛楚文、秦駰玉版中，我們可看到古文字形體的更疊，爲秦代規範化字體小篆的出現作了鋪墊。從秦代刻石中，我們可看到政治力

〔註 39〕李文放，秦始皇巡遊紀功七刻石淺解〔J〕，北京：漢字文化，2008（1）：95、96。

〔註 40〕郭沫若，奴隸制時代〔M〕，北京：人民出版社出版，1954：267。

量、文人自覺意識和語言文字發展規律對漢語規範化的促進。

5. 先秦幾種重要石器文字在漢語規範化中的作用的啟示

以上眾多的漢語規範化力量，我們可分爲社會性力量和科學性力量。王寧先生指出：「科學性指的是漢字的自然規律，包括它的結構規律、演變規律、互相關聯的規律和自成系統的規律，這種內在的規律是客觀的。社會性指的是漢字在使用時受社會制約的人文性，語言文字是符號，但不是單純的數理符號，它是在人文社會中被全民使用著也改變著的符號。漢字的通行度、社會性分佈和人爲調整的可能性，都是它社會性的反映。科學性與社會性二者是互相制約的，而社會對漢字的人爲調節，無論如何不能違背它自身的規律。」〔註 41〕秦代「書同文」得以最終實現，一方面是適應了漢字使用的社會需求，另一方面是遵循了語言文字自身的特點及其發展、應用的內在規律；也就是漢語規範化的社會性力量和科學性力量共同發揮作用、辯證統一的結果。

語言文字是向前發展的，漢語規範化的具體標準也有個與時俱進的問題。當前，製定漢語規範化的標準仍然是令我們揪心的一件事，王寧先生說：「規範漢字成爲法律規定的使用文字。但是，規範漢字究竟指的是什麼，還沒有一個十分明確的內涵。規範是一個一旦提出便一瀉千里的大衝擊波，一管就是幾十年。在我們用國家法律職能規定全國人能寫什麼字不能寫什麼字的時候，一旦有了失誤，不但會影響全國甚至是全世界人在漢語領域的語文生活，還會影響中國文化發展的速度和質量，這難道不令我們有所憂懼嗎？」〔註 42〕我們認眞研究秦代的「書同文」問題，對製定現今的漢語規範化的標準肯定會有所啓示。

（發表於：《學術界》2010 年第 9 期）

〔註 41〕王寧，論漢字規範的社會性與科學性〔J〕，北京：中國社會科學，2004（3）：171。

〔註 42〕王寧，論漢字規範的社會性與科學性〔J〕，北京：中國社會科學，2004（3）：171。

後　記

在現代學術體制下，作爲學術研究者，只有受過嚴格的相應的學術規範教育、專業培養和學術訓練，有章可循，方能入其門、得其道。感謝任教的徐在國教授、白兆麟教授、何琳儀教授、楊軍教授、陳廣忠教授等，是您們把我引進學術這一聖潔的殿堂！

我要感謝導師徐在國教授在論文選題、資料收集、指導寫作、修改校訂過程中的悉心指導，嚴格要求。您無數個節假日幫我補缺補差及修改論文的身影，使我終身難忘！「師者，所以傳道授業解惑也。」先生是我論文寫作中最辛苦的人！

在論文資料的收集過程中，我要感謝英屬哥倫比亞大學的高島謙一先生、日本南山大學的梁曉紅女士、以及三峽大學的袁金平師兄和北京大學博士生黎路遐同學。在論文的校訂過程中，我要感謝劉剛師弟不辭辛苦的幫忙。博士點資料室的孫老師不厭其煩的幫我查詢圖書，在此一併表示感謝！

2011 年 9 月，我來到北京師範大學文學院讀博士後，恰逢臺灣花木蘭文化出版社面向國內知名導師徵稿，在合作導師李運富教授的推薦下，在臺灣花木蘭文化出版社總編輯杜潔祥先生、楊嘉樂女士的厚愛下，我的拙作得以出版。我要衷心感謝幫助我的所有師友！

尼采說:「要想點燃電火花的人，必須長時間地做天上的雲。」過程總會帶來一些改變，改變促使我進化，向一個完整的人，一個對社會有用的人。我一直在積累，一直在改變。回眸過去，我在奮力吸吮知識的乳汁；展望未來，定將學識無私奉獻！

這是我人生公開出版的第一部專著。「感恩的心，感謝命運」，在我人生的旅程中，我要長銘「授我知識，啓我心智；關心我，獎掖我」之師與友！